We need to "produce" people who know how to act when they're faced with situations for which they were not specifically prepared.

Seymour Papert [1]

Als wir im Jahr 2015 gemeinsam mit Microsoft begonnen haben, Programmierangebote für Kinder zu entwickeln, konnten wir die Geschwindigkeit der Veränderung unserer digitalen Welt unter gleichzeitiger großer Akzeptanz und Ablehnung bei vielen Bildungsbeteiligten nicht abschätzen.

Nur fünf Jahre später sind wir im sogenannten Zeitalter der künstlichen Intelligenz angekommen, haben mehr als 120.000 Mädchen und Jungen mit den unterschiedlichsten Angeboten zum Programmieren erreicht und stehen doch oft wieder am Anfang. Denn die Aufgabe, zeitgemäße Bildung mit digitalen Medien unter Beachtung der Ansätze für ein inklusives Lernen zu entwickeln, ist größer, komplexer und aktueller denn je.

Bei all unseren Aktivitäten hat sich ein Konzept fortlaufend und beständig bewährt: die Aufnahme und Adaption einer für Kinder entwickelten Programmierumgebung auf Basis der von Seymour Papert entwickelten Programmiersprache LOGO. Denn diese bietet mithilfe der Programmierung einer kleinen Schildkröte nicht nur einen niedrigschwelligen Einstieg in die Welt der Codes, sondern auch vielfältige Möglichkeiten, Programmieren für ALLE Kinder greifbar zu machen – unabhängig davon, ob die Kinder besondere Lernbedürfnisse haben oder nicht.

Um dieses ausgiebig erprobte Konzept zu verbreiten, haben wir dieses Buch geschrieben. Wir freuen uns schon jetzt über viele neue, spannende Erlebnisse in der Welt der Schildkröte, um Kinder auf Problemstellungen in der digitalen Welt vorzubereiten, die wir alle noch nicht kennen.

Dieses Buch ist nur möglich durch das großartige Engagement von Microsoft, die mit uns seit nunmehr fünf Jahren die Initiative Code your Life entwickeln, sowie durch die enge Zusammenarbeit mit der Aktion Mensch, die uns dabei unterstützt, Inklusion von Anfang an zu denken.

Schlussendlich braucht so ein Projekt ein starkes und erfahrenes Team und wir haben uns daher erlaubt, das Team in einem Kapitel kurz vorzustellen. Wir bedanken uns bei allen für die jederzeit wertvolle Unterstützung.

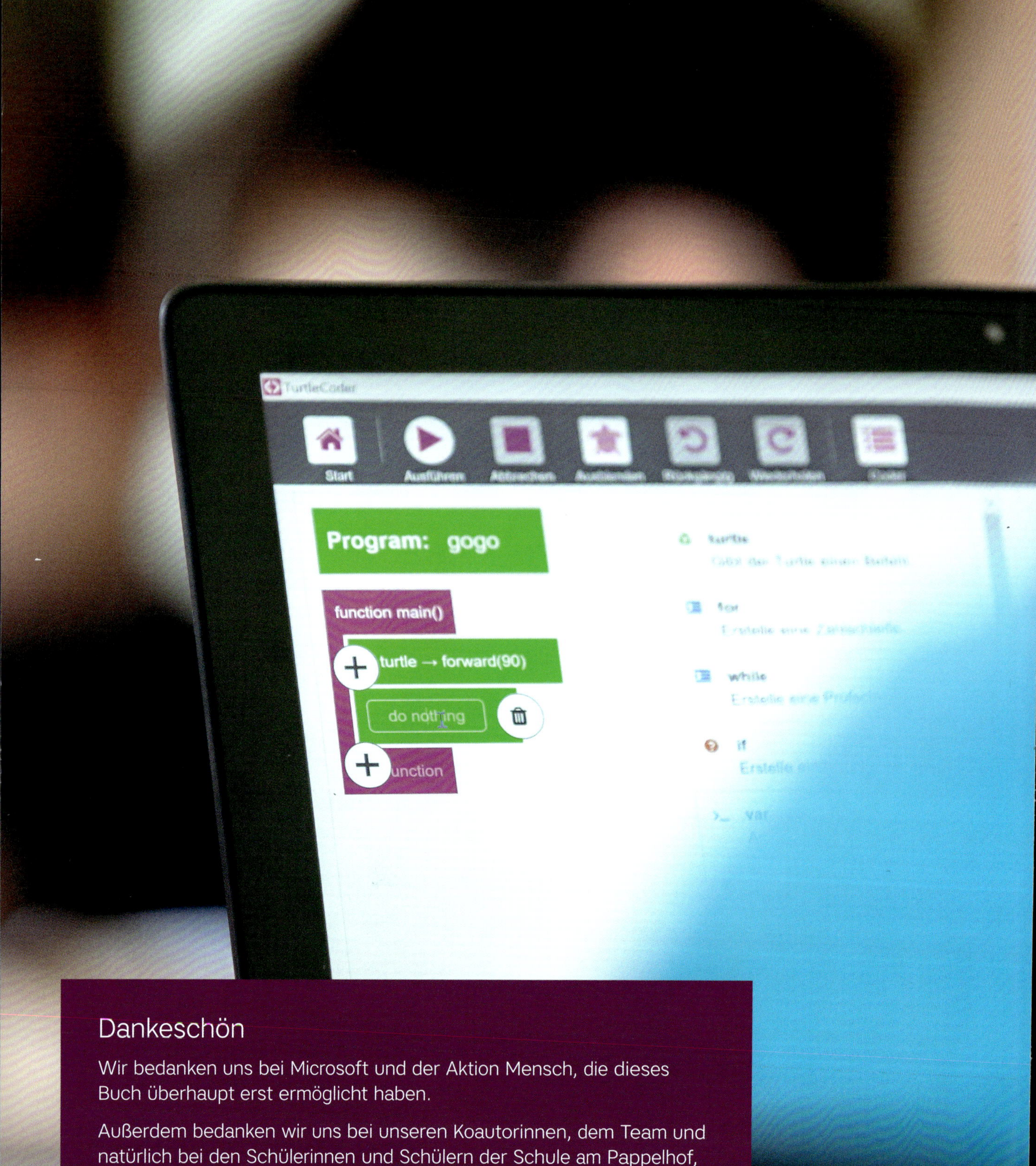

Dankeschön

Wir bedanken uns bei Microsoft und der Aktion Mensch, die dieses Buch überhaupt erst ermöglicht haben.

Außerdem bedanken wir uns bei unseren Koautorinnen, dem Team und natürlich bei den Schülerinnen und Schülern der Schule am Pappelhof, der Carl-von-Linné-Schule, der Charlotte-Pfeffer-Schule, der Ludwig-Hoffmann-Grundschule, der Hausburgschule, der Pettenkofer Grundschule und ihren engagierten Lehrkräften.

Inhalt

Einleitung

Zweifellos schreitet die Digitalisierung unserer Gesellschaft mit großen Schritten voran und Anwendungen, die aus vielen tausend Zeilen Programmcode bestehen, prägen viele Bereiche unseres Lebens. Tagtäglich nutzen wir diese Anwendungen ganz selbstverständlich und machen uns doch kaum Gedanken darüber, dass dies erst durch das Schreiben von Computercodes möglich gemacht wurde. Eine Welt ohne Code ist heute undenkbar geworden. An vielen Stellen lernen die Maschinen sogar schon selbst dazu und erweitern den von Menschen erstellten Code durch neue Daten und Prozesse.

Aufwachsen in Medienwelten

Unsere Kinder wachsen in dieser Welt auf und kommen bereits in frühen Jahren mit neuen Technologien und einer Vielzahl von Medien in Berührung. Sie sind fasziniert von all den Möglichkeiten und sind mit zunehmendem Alter intensive Nutzerinnen und Nutzer der neuen Medienwelt.

Wer allerdings diese Welt auch in Zukunft verantwortungsvoll und aktiv mitgestalten will, braucht darüber hinaus ein Verständnis für Zusammenhänge und Hintergründe. Wer selbst einmal einen Algorithmus programmiert, also mit Code ein Stück der eigenen Medienwelt gestaltet hat, wird ganz sicher bessere Chancen haben, sich in einer digitalisierten Welt voller Algorithmen zurechtzufinden.

Inklusion von Anfang an

Wir sind überzeugt: JEDES Kind kann programmieren lernen – und soll auch die Möglichkeit dazu bekommen. Das gebieten nicht nur die Grundsätze für Teilhabe und Chancengleichheit, es gibt auch unserem Zusammenleben in einem Zeitalter von künstlicher Intelligenz Stabilität. Gerade Menschen mit besonderen Bedürfnissen können von digitalen Anwendungen enorm profitieren. Allerdings nur, wenn auch sie die Möglichkeit erhalten, diese zu durchschauen und mitzugestalten.

Und es geht nicht nur allein darum zu verstehen, wie Algorithmen und Codes geschrieben werden, sondern auch um die Entwicklung von Schlüsselkompetenzen des 21. Jahrhunderts. Dazu gehören zum Beispiel Kooperationsfähigkeit, Kommunikationsfähigkeit, Beurteilungsvermögen, Kreativität, Problemlösefähigkeit, Folgebewusstsein und Eigenverantwortung. Diese Kompetenzen lassen sich beim kreativen Prozess des gemeinsamen Programmierens wunderbar ausprägen.

Erprobte Materialien

Mit den vorliegenden Materialien möchten wir die Voraussetzungen dafür schaffen, dass alle Kinder – unabhängig von einer etwaigen Beeinträchtigung oder besonderen Fähigkeit – gemeinsam programmieren lernen können.

Über das Unterrichtsmaterial können Lehrkräfte und/oder andere Bildungsverantwortliche mit Lernenden ab acht Jahren in einen Basiskurs der informatischen Bildung einsteigen und anhand der Programmiersprache LOGO und der Programmierumgebung TurtleCoder die Grundlagen des Programmierens entdecken.

Dabei steht das prozessorientierte, selbstentdeckende und kritische Lernen im Fokus und kann übergreifend mit Bezugspunkten zu Mathematik, Kunst und Fremdsprachen umgesetzt werden.

Alle Materialien wurden im Rahmen der gemeinsam mit Microsoft entwickelten Initiative Code your Life erprobt. Durch die Unterstützung der Aktion Mensch konnten die Materialien mit Schulen in Berlin und Brandenburg in inklusiven Lernszenarien genutzt, weiterentwickelt und durch die Anwendung technischer Lösungen hinsichtlich Barrierefreiheit angepasst werden.

Am Lehrplan orientiert

Gemäß den Empfehlungen der Kultusministerkonferenz zur Bildung in der digitalen Welt deckt das vorliegende Material den Kompetenzbereich „Problemlösen und Handeln" ab. Die Schülerinnen und Schüler lernen exemplarisch anhand der Programmiersprache LOGO die wichtigsten Funktionen und grundlegenden Prinzipien des Programmierens kennen und identifizieren algorithmische Strukturen. Dabei lernen sie, technische Problemstellungen zu erkennen und eigene Lösungsstrategien zu entwickeln.

Programmieren für ALLE

Die methodisch-didaktische Herangehensweise sowie die verwendete Programmierumgebung sind darauf ausgerichtet, dass alle Schülerinnen und Schüler die erwarteten Lernergebnisse erzielen können, unabhängig von geschlechtlicher Identität, sozialer Herkunft, körperlichen und kognitiven Möglichkeiten und individueller Lernstärke. Die Bedürfnisse von Kindern mit Beeinträchtigungen und Behinderungen wurden gezielt berücksichtigt. Das Material eignet sich daher in besonderem Maße für inklusive Lernsettings.

„Das Verständnis der Informatik und der Logik von Algorithmen als der Sprache der digitalen Welt ist für einen selbstbestimmten Umgang mit der Digitalisierung in der Alltags- und Berufswelt von herausragender Bedeutung."

Deutscher Bundestag [2]

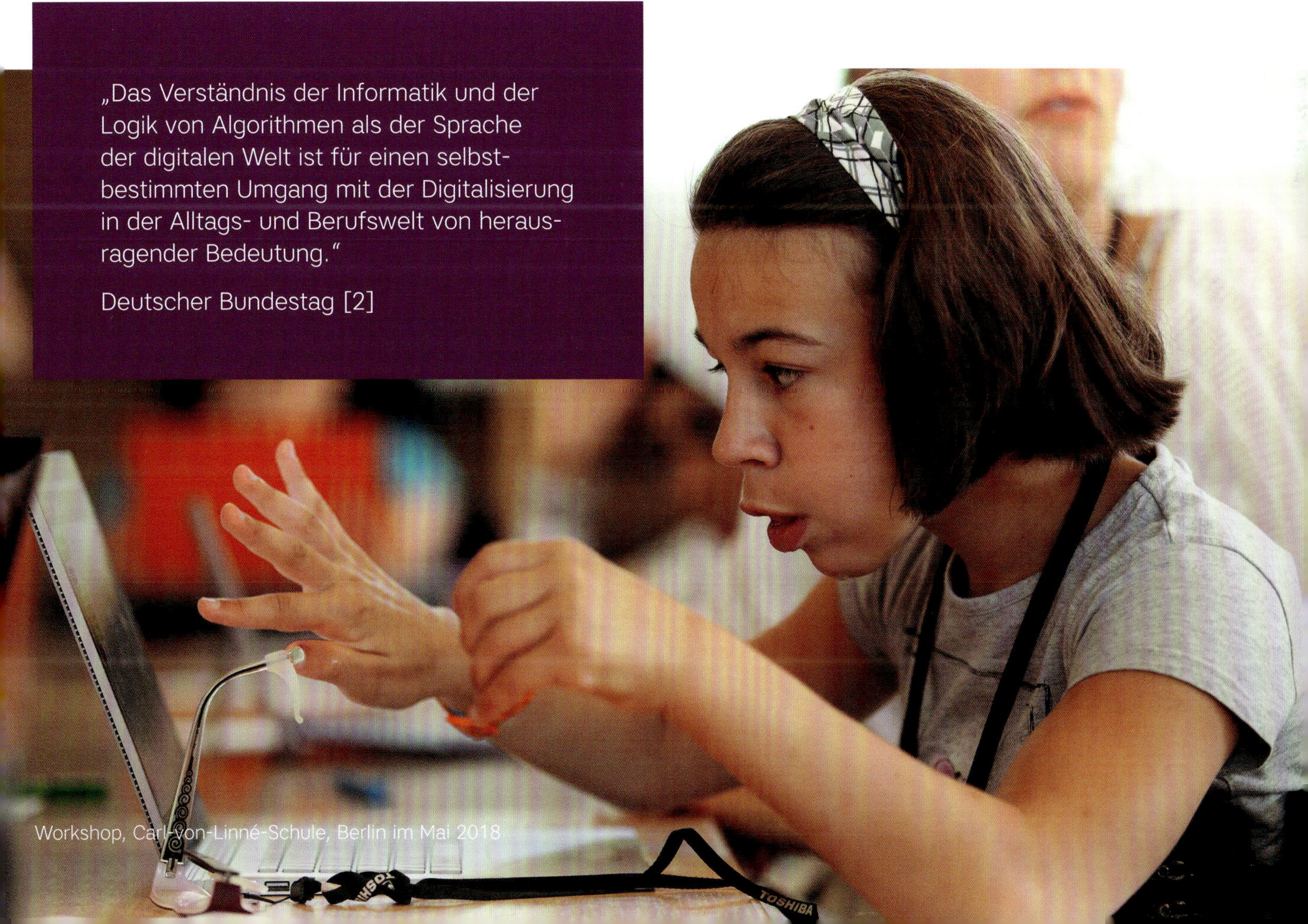

Workshop, Carl-von-Linné-Schule, Berlin im Mai 2018

Didaktischer Kommentar

Die Programmiersprache LOGO wurde vor mehr als 50 Jahren von Seymour Papert entwickelt, um Kinder im Alter von 6 bis 12 Jahren an das Programmieren heranzuführen. Seitdem ist viel erforscht und erprobt worden, es gibt mehr als 300 verschiedene LOGO-Derivate weltweit (Universität Sofia 2020).

Einzigartiges Prinzip

Eines ist bei allen LOGO-Umsetzungen gleichgeblieben: Einer kleinen virtuellen Schildkröte (der Turtle) werden über Code-Zeilen Befehle gegeben, die sie als Bewegung auf dem Bildschirm umsetzt. Den dabei von ihr zurückgelegten Weg zeichnet sie nach und es entstehen die sogenannten Turtle-Grafiken, die von einfachen geometrischen Figuren bis zu kunstvollen Zeichnungen reichen.

Die Programmiersprache LOGO ist dabei für Kinder leicht verständlich und erlernbar. Denn bereits mit wenigen grundlegenden Befehlen (vorwärts, rückwärts, links drehen, rechts drehen) können die Kinder erste eigene Lernexperimente starten und Schritt für Schritt wichtige Programmierprinzipien erlernen. Die klaren, einfachen Befehle und Konstruktionen können von Kindern mit unterschiedlichen Voraussetzungen verstanden und bearbeitet werden.

Offline-Coding

Neben der einfachen Struktur ist eine weitere Stärke der Programmiersprache LOGO, dass die einzelnen Befehle nicht nur digital in einer Programmierumgebung, sondern ebenso analog im Klassenzimmer von den Kindern entdeckt werden können.

Dabei schlüpfen die Kinder selbst in die Rolle der Turtle und laufen oder fahren die geforderten Figuren entsprechend den Befehlsfolgen im Raum ab – eine ebenso simple wie wirkungsvolle Methode, um die eigenen Bewegungen in Code zu übersetzen.

Zusätzlich beinhalten alle Lerneinheiten Übungen, in denen die Lehrkraft mit den Kindern ganz analog sowohl den Programmierenden als auch das ausführende Computerprogramm simulieren kann. Dies unterstützt das entdeckende Erlernen des Programmierens.

Den Kindern hilft es, bestimmte Programmierprinzipien zu verstehen, wenn sie diese anschaulich im Klassenraum erleben. Wenn die Kinder es erst einmal geschafft haben, sich als Schildkröte offline zu bewegen, fällt es ihnen auch leichter, den Code zu erstellen und die Turtle auf dem Bildschirm zu bewegen.

Inklusion von Anfang an

Kinder lernen ganz unterschiedlich: Einige können grundlegende Programmierbefehle schnell erfassen und umsetzen. Andere wiederum brauchen zur Unterstützung zusätzliche Veranschaulichungen.

Mit der speziell für Kinder entwickelten „Geheimschrift“ können die Lernenden die Code-Beispiele erst einmal offline in Form von einfachen Symbolen im Raum als analogen Programmcode „legen“. So können sie die effektive Umsetzung diskutieren, bevor Schwierigkeiten beim Transfer in der Programmierumgebung entstehen.

Diese methodische Differenzierung unterstützt die Kinder dabei, die Grundlagen des Programmierens durch unterschiedliche Lernimpulse gemeinsam besser zu verstehen.

Hinweis: *Geben Sie Ihrer Lerngruppe vor allem in den ersten Unterrichtseinheiten die Zeit, die sie braucht, um den Wortschatz der Programmierumgebung sowie die später folgenden Programmierprinzipien zu verstehen.*

Einige Schülerinnen und Schüler können dabei selbstständig durch die Aufgaben gehen und sich ausprobieren. Schülerinnen und Schüler, die eine Aufgabe noch nicht allein lösen können, werden von Stärkeren im Sinne eines Peercoachings unterstützt. So profitieren alle davon.

Konstruktivismus und entdeckendes Lernen

Als Seymour Papert die Programmiersprache LOGO entwickelt hat, war er als Schüler von Jean Piaget fest davon überzeugt, dass man Kinder so auf die Zukunft vorbereiten sollte, dass sie in offenen Situationen souverän reagieren können, auch wenn sie diese Situation noch nie erlebt haben. Gerade in einer Zeit voller Codes erscheint das Konstruieren von eigenen Lösungen auf Basis eines nicht zu komplexen Systems von „Bausteinen“ sehr zielführend.

Hinweis: *Kinder und Jugendliche sind geprägt von einer großen Neugier. Die Motivation, die Rätsel der Turtle zu lösen, ist groß. Lassen Sie die Kinder unbedingt so viel wie möglich selbst herausfinden und betrachten Sie Fehler ebenso wie das eigenständige Entdecken als Teil des Lernprozesses..*

Das System des sich stetig erweiternden Befehlssatzes von LOGO und die mit vielen Zusatzaufgaben versehenen Lerneinheiten ermöglichen den Kindern eine hohe Eigenständigkeit bei der Erarbeitung der Aufgaben.

Der richtige Weg ist nicht vorab definiert – vielmehr ermöglichen die Lernsettings es den Schülerinnen und Schülern, im Team eigene Lösungen zu entwickeln. Das entdeckende Lernen bildet somit eine wichtige Grundlage für den nachhaltigen Lernerfolg.

Durch das Selbstwirksamkeitsprinzip werden Erfolgserlebnisse gefördert und Lernfortschritte verstärkt.

Etablieren einer neuen Fehlerkultur

Fehler zu machen, gehört zum Programmieren dazu, denn oftmals entstehen aus Fehlern neue Ideen und innovative Lösungen. Bewusst werden so in den unterschiedlichen Einheiten Freiräume für eigene Losungswege gelassen.

Nicht selten laufen die Lernenden – mit der Turtle – buchstäblich in die falsche Richtung. Durch eine gemeinsame Fehlersuche der Schülerinnen und Schüler, ohne stetige Hilfe von der Lehrkraft, ergeben sich genau die Lernchancen, die Aha-Effekte hervorbringen. Nutzen Sie die Gelegenheit, eine positive Sicht auf Fehler zu ermöglichen und die Fehler auch als Lernchance zu begreifen.

Zeit einplanen

Die Erfahrungen bei der Umsetzung im Rahmen der Initiative Code your Life haben gezeigt, dass sich jede Lerngruppe unterschiedlich schnell in die Thematiken einfindet.

Auch innerhalb der Lerngruppen brauchen manche etwas längere oder mehr Übungsphasen, andere sind ganz fix und denken bereits einen Schritt weiter. Auch im Umgang mit dem Computer verfügen die Kinder über unterschiedliche Erfahrungen.

Die Zeitangaben der vorliegenden Unterrichtseinheiten sind demnach lediglich Richtwerte und dienen nur der Orientierung.

Hinweis: *Geben Sie Ihrer Lerngruppe Zeit, sowohl den Wortschatz als auch neue Programmierprinzipien wie die Schleife wirklich zu verstehen.*

Die Lernbegleitung der Lehrkraft

Um im Sinne eines konstruktivistischen Lernens den Lernenden das eigenständige Entdecken zu ermöglichen, empfiehlt es sich, als Lehrkraft verstärkt die Rolle einer Lernbegleiterin oder eines Lernbegleiters einzunehmen.

Hinweis: *Leiten Sie Schülerinnen und Schüler so an, dass diese selbst Lösungen und Lösungswege erarbeiten können. Durch die vorgeschlagenen Methoden und Impulse erhalten die Lernenden immer wieder Anregungen, sich selbst an den Problemstellungen zu versuchen und die Aufgaben im eigenen Tempo zu bearbeiten.*

Gemeinsam lernen

Die Schülerinnen und Schüler profitieren beim Programmieren sehr davon, wenn sie die Aufgaben in kleinen Teams lösen können.

Wir empfehlen daher, immer zwei Kinder an einem Computer oder Tablet arbeiten zu lassen. So können sie gemeinsam ihre Lösungen konstruieren, wobei der Austausch ihre Kooperations- und Kommunikationsfähigkeit fördert. Gemeinsam ans Ziel zu kommen, stärkt den Gruppenzusammenhalt.

Begleitend zu den vorliegenden Curricula stellt die Initiative Code your Life in einer Online-Akademie kurzweilige Video-Tutorials, praktische Aufgabenstellungen und anschauliche Programmierbeispiele zur Verfügung. Damit erhalten Kinder und Jugendliche Anregungen zum Experimentieren und Ausprobieren. So können sie Schritt für Schritt selbstständig und intuitiv die eigenen Programmierfähigkeiten erweitern.

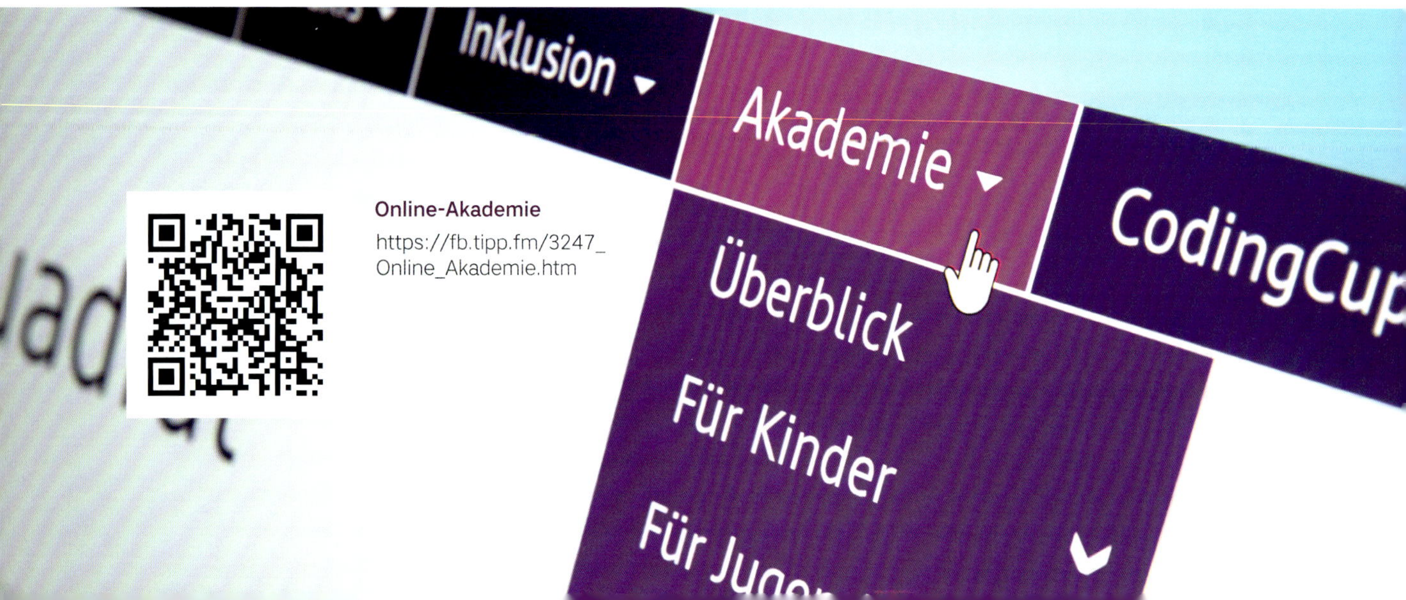

Online-Akademie
https://fb.tipp.fm/3247_Online_Akademie.htm

Kompetenzen

Fach- und Methodenkompetenz

Die Schülerinnen und Schüler	✔ lernen Funktionsweisen der digitalen Welt kennen, können sie verstehen und bewusst nutzen. ✔ lernen grundlegende Programmierprinzipien am Beispiel der Programmiersprache LOGO kennen und wenden sie an. ✔ erkennen algorithmische Muster und Strukturen in verschiedenen Kontexten, können sie nachvollziehen und reflektieren.

Aktivitäts- und Handlungskompetenz

Die Schülerinnen und Schüler	✔ übertragen das offline ausprobierte und erlernte Wissen ins Digitale. ✔ lernen selbstständig und intuitiv die Programmierumgebung kennen. ✔ lernen aus Fehlern, können Ergebnisse sofort auf dem Bildschirm sehen und Veränderungen vornehmen.

Sozial-kommunikative Kompetenz

Die Schülerinnen und Schüler	✔ entwickeln gemeinsam Ideen und setzen diese im Team um. ✔ beraten ihre Ergebnisse und präsentieren Zwischenergebnisse vor der Gruppe. ✔ lernen eine Programmiersprache inklusive Syntax. ✔ erfahren mehr über die Bedeutung sprachlich korrekter Kommunikation.

Personale Kompetenz

Die Schülerinnen und Schüler	✔ erarbeiten selbstständig neue Programmierprinzipien und Problemlösungen. ✔ nutzen ihre schöpferischen Fähigkeiten im digitalen und analogen Gestalten. ✔ erleben durch unmittelbare Ergebnisse ihre eigenen Gestaltungsmöglichkeiten.

Aufbau des Materials

Im Zentrum des Turtle-Buchs stehen sieben ausgearbeitete Unterrichtseinheiten, die zusammengenommen einen guten Einstieg in das Programmieren als wichtigen Teil der informatischen Bildung darstellen.

Summer Coding Camp, Berlin im Juli 2018

Programmieren lernen

Angefangen bei den grundlegenden Befehlen werden einfache Strukturen wie Schleifen, Variablen, Operatoren, Unterprogramme und Bedingungen behandelt. Darüber hinaus können die Schülerinnen und Schüler den Befehlssatz der Turtle selbst erweitern und somit die ersten Konzepte der objektorientierten Programmierung kennenlernen.

Ausgearbeitete Unterrichtseinheiten

In inklusiven Lernszenarien erprobte Stundenverläufe enthalten alle Informationen, die zur Umsetzung im Unterricht benötigt werden. Codebeispiele, Differenzierungsangebote, Aufgaben und viele Praxistipps erleichtern den Einstieg.

Interaktives Lehr- und Lernbuch

Die folgenden Materialien für den Einsatz im Unterricht werden als digitale Ergänzung online bereitgestellt:

- ✔ **Aufgabenkarten** für die Schülerinnen und Schüler passend zu den Unterrichtseinheiten;
- ✔ **Portfolio** als zusätzliches Übungsmaterial und zur Dokumentation der Lernergebnisse;
- ✔ **Symbolkarten** mit dem Grundwortschatz und vereinfachten symbolischen Darstellungen, der sogenannten „Geheimschrift" zur Differenzierung;
- ✔ **Whiteboardplayer**, der alle Aufgabenkarten zum sofortigen Einsatz am interaktiven Whiteboard beinhaltet.

Alle ergänzenden Materialien werden über die digitale Fassung des Turtle-Buchs kontextbezogen zur Verfügung gestellt.

Hintergrundinformationen

Ausführliche Hintergrundinformationen zur Programmiersprache LOGO und zum TurtleCoder – der inklusiven Softwareumgebung für den Unterricht – bieten Lehrkräften alle wichtigen Informationen, um die Unterrichtseinheiten mit der eigenen Lerngruppe erfolgreich umzusetzen.

TurtleCoder off- und online

Zum Programmieren benötigen die Schülerinnen und Schüler die Programmierumgebung TurtleCoder. Diese können Sie jederzeit online verwenden, wenn ein Internetzugang zur Verfügung steht. Alternativ lässt sich auch eine Offline-Version herunterladen und auf den verwendeten Geräten installieren.

Inklusiv lehren und lernen

Das Turtle-Buch, ob in gedruckter oder in digitaler Form, bildet den zentralen Ausgangspunkt für Lehrkräfte.

Das gesamte Unterrichtsmaterial ist für den Einsatz in inklusiven Lernszenarien konzipiert. Neben den Differenzierungsangeboten in den einzelnen Unterrichtsverläufen beinhaltet jede Einheit zusätzliche Hinweise, wie die Lernsituation für Kinder mit Beeinträchtigung ergänzt werden kann.

Einer der Hintergründe beschreibt zusätzlich, warum der TurtleCoder ein inklusives Tool ist und wie Sie seine verschiedenen Funktionen für Ihre Lerngruppe einsetzen können.

Interaktives Turtle-Buch

https://fb.tipp.fm/3239_TurtleBuch.htm

Gemeinsamer Workshop, Schule am Pappelhof und Pettenkofer Grundschule, Berlin im Februar 2020

Unterrichtseinheiten

Die Unterrichtseinheiten beinhalten erprobte Unterrichtsabläufe, weiterführende Tipps und Verweise auf didaktische Prinzipien, um Lernende Schritt für Schritt an das Programmieren heranzuführen.

Workshop, Pettenkofer Grundschule, Berlin im Februar 2020

Unterrichtseinheit

1 Grundlegende Befehle

Einführung: Grundlegende Befehle

„Wir haben es geschafft!" Diesen freudigen und stolzen Ausruf hört man bei der Durchführung des ersten Curriculums häufig.

Diese Unterrichtseinheit bietet den Schülerinnen und Schülern den Einstieg in die Thematik des Programmierens mit LOGO und bietet sogleich Erfolgserlebnisse. Es wird darüber gesprochen, was ein Computerprogramm ist, welche Sprache verwendet wird und wie Befehle gegeben werden. Die Schülerinnen und Schüler lernen die Turtle und die Programmierumgebung TurtleCoder kennen. Intuitiv fangen sie an zu experimentieren und Ideen zu entwickeln.

Schon während dieser ersten Stunde schreiben die Schülerinnen und Schüler einige Codezeilen und entwerfen kleine Programme. Dabei werden sie auch auf erste Schwierigkeiten stoßen. Aber mit etwas Köpfchen und Teamgeist lassen sich diese schnell meistern.

Lernergebnisse

Die Schülerinnen und Schüler

- lernen LOGO als Programmiersprache kennen.
- setzen sich mit den unterschiedlichen Funktionen des TurtleCoders auseinander.
- wissen um die Bedeutung von Parametern.
- können mit der Turtle ein großes buntes Quadrat auf den Bildschirm zeichnen.
- beherrschen den Grundwortschatz der Turtle.

Unterrichtsverlauf

Phase 1: Stundeneinstieg

Schaffen Sie mit Ihrer Lerngruppe ein gemeinsames Verständnis vom Programmieren und wo man es im Alltag finden kann.

Phase 2: Vorbereitung | Die ersten Befehle

Übung

Offline-Coding
Führen Sie die „Turtle" ein, indem Sie selbst eine Schildkröte spielen. Stellen Sie sich dazu vor die Kinder und strecken Sie die Arme nach vorn. Die Arme sind die „Nase" der Turtle und geben die Richtung an. Lassen Sie die Kinder Ihnen Befehle geben und führen Sie die Befehle aus.

Wenn Sie oder die Schülerinnen und Schüler die Rolle der Schildkröte (Turtle) einnehmen, achten Sie darauf, dass nur die Befehle ausgeführt werden, die die Schülerinnen und Schüler auch genannt haben. Sollen Sie beispielsweise „laufen", gehen Sie auf der Stelle, sollen sie dann „vorwärts laufen", seien Sie mutig und laufen Sie auch aus dem Raum heraus. Fragen Sie dann, wie die Befehle eindeutiger werden. Die Kinder werden recht schnell von selbst darauf kommen, dass sie dem Befehl „vorwärts laufen" noch eine Zahl an Schritten mitgeben müssen, die bestimmt, wie weit Sie als Schildkröte laufen sollen, einen sogenannten Parameter. Das Gleiche geht natürlich auch rückwärts.

Online-Akademie

Einführung in den TurtleCoder

http://fb.tipp.fm/3237_TurtleCoder_Einfuehrung.htm

Thematisieren Sie nun, wie die Turtle in eine andere Richtung laufen kann und veranschaulichen Sie, dass eine echte Schildkröte nicht seitwärts laufen kann. Lassen Sie Ihre Schülerinnen und Schüler so erkennen, dass die Turtle sich drehen muss.

Denken Sie daran: Lassen Sie die Kinder die Begriffe spielerisch im Sinne des entdeckenden Lernens erarbeiten.

Hintergrund

Offline-Coding
Programmieren mit dem TurtleCoder

Sammeln Sie während der Offline-Coding-Übung die gefundenen passenden Begriffe vorwärts und rückwärts, sowie drehen an der Tafel. Vermerken Sie auch die Anzahl an Schritten und die Gradzahl an der Tafel.

Thematisieren Sie mit den Schülerinnen und Schülern, dass die Turtle nur englisch spricht. Übersetzen Sie die gemeinsam gefundenen Begriffe nun ins Englische und lassen Sie die Schülerinnen und Schüler die Ergebnisse bei Bedarf im Portfolio festhalten.

♻ turtle → forward(10)

♻ turtle → back(5)

♻ turtle → leftTurn(90)

♻ turtle → rightTurn(180)

Aufgabe

Portfolio 0 | A

Nennen Sie anschließend noch die Besonderheit der Turtle: Sie kann zeichnen, während sie läuft. Falls man einmal nicht zeichnen möchte, kann die Turtle den Stift auch anheben. Nutzen Sie die Gelegenheit, um darauf hinzuweisen, dass dieser Befehl keinen Parameter benötigt, da es nicht wichtig ist, wie hoch der Stift gehoben wird. Auch dieses Ergebnis können die Schülerinnen und Schüler in ihrem Portfolio festhalten.

♻ turtle → penUp

♻ turtle → penDown

Aufgabe

Portfolio 0 | B

Lassen Sie nun ein Kind der Klasse nach vorn kommen und die Turtle darstellen. Die anderen Schülerinnen und Schüler dürfen die Befehle geben. Ziel ist es, dass das Turtle-Kind ein Quadrat mit der Seitenlänge von 1 Meter „läuft". Weisen Sie darauf hin, dass die Turtle im Programm natürlich viel kleinere Schritte macht, sodass die Schülerinnen und Schüler verstehen, dass die digitale Turtle dafür 100 Schritte braucht. Halten Sie die einzelnen Befehle an der Tafel fest.

♻ turtle → forward(1)

♻ turtle → leftTurn(90)

♻ turtle → forward(1)

♻ turtle → leftTurn(90)

♻ turtle → forward(1)

♻ turtle → leftTurn(90)

♻ turtle → forward(1)

♻ turtle → leftTurn(90)

Anstelle der Linksdrehung kann die Turtle sich natürlich auch immer nach rechts drehen.

Gemeinsamer Workshop, Schule am Pappelhof und Pettenkofer Grundschule, Berlin im Februar 2020

Offline-Coding

Hintergrund

Hinweis: *Je nach Lerngruppe sollten Sie mit den Schülerinnen und Schülern evtl. noch einmal die Eigenschaften eines Quadrats wiederholen (4 Winkel, je 90 Grad, 4 gleich lange Seiten). Für eine bessere Anschaulichkeit ist es hilfreich, das Quadrat mit Kreppband auf den Boden aufzukleben. Dies hilft beim Erkennen der Drehrichtung und unterstützt das räumliche Vorstellungsvermögen.*

Geheimschrift

Hintergrund

Die Geheimschrift
An dieser Stelle bietet es sich an, die Geheimschrift einzuführen. Den Programmierbefehlen im TurtleCoder sind mit der Geheimschrift jeweils unterschiedliche Pfeile zugeordnet, die die Bewegungen der Schildkröte in einfacher Form veranschaulichen.

Phase 3: Arbeitsphase | Das erste Programm

Lassen Sie die Schülerinnen und Schüler sich in Zweierteams zusammenfinden, um gemeinsam an einem Computer zu arbeiten. So können sie gemeinsam überlegen und sich austauschen. Die Teams sollen sich einen Namen geben. Starten Sie gemeinsam mit den Schülerinnen und Schülern den TurtleCoder. Lassen Sie die Schülerinnen und Schüler ein Skript erstellen und als Namen den Teamnamen eintragen.

3.1 Der erste Befehl: Der Strich

Lassen Sie die Schülerinnen und Schüler die Bedienoberfläche der Programmierumgebung autodidaktisch erkunden und einen Strich zeichnen. Falls dies für viele der Schülerinnen und Schüler eine zu große Herausforderung ist, kann auch das Team, welches die Aufgabe als Erstes geschafft hat, die Lösung am Whiteboard zeigen.

Hintergrund

Programmieren mit dem TurtleCoder

Assistenzsysteme

3.2 Befehlsfolgen: Das Quadrat

Die Schülerinnen und Schüler sollen das simulierte Laufen des Quadrats nun in den TurtleCoder übertragen und die Turtle ein Quadrat zeichnen lassen. Sollte Ihre Lerngruppe Schwierigkeiten haben, nutzen Sie die Geheimschrift, um das Vorstellungsvermögen der Schülerinnen und Schüler zu stärken.

Aufgabe: Karte 1 | A

Differenzierung: Portfolio 1 | A

Online-Akademie

Das Quadrat

http://fb.tipp.fm/3226_Quadrat.htm

Hinweis: *Halten Sie Rückschläge aus. Die Schülerinnen und Schüler werden vermutlich erst herausfinden müssen, dass Sie die Codezeilen untereinander schreiben müssen. Sollten sie zu Beginn ihren Code immer wieder löschen, weil sie alle Befehle in einer Zeile schreiben wollen, weisen Sie darauf hin, dass über das + neue Zeilen erstellt werden müssen.*

3.3 Variationen: Das farbige Quadrat

Lassen Sie die Schülerinnen und Schüler zuerst selbst überlegen, was die Turtle braucht, um mit verschiedenen Farben zu malen. Dabei können sie sich an den bisherigen Befehlen orientieren und ihre Ergebnisse im Portfolio festhalten.

Aufgabe: Portfolio 0 | C

Übung

Offline-Coding

Spielen Sie wieder die Schildkröte und wiederholen Sie die Befehle fürs Zeichnen. Entwickeln Sie gemeinsam über die englische Sprache den Befehl für das Wechseln der Stiftfarbe. Überlegen Sie gemeinsam mit den Schülerinnen und Schülern, welcher Parameter in die Klammer kommt.

Schnell werden die Schülerinnen und Schüler erkennen, dass der Parameter die jeweilige Farbe ist.

♻ turtle → setPenColor(red)

Überlegen Sie gemeinsam mit den Schülerinnen und Schülern, an welcher Stelle in der Befehlsfolge der Farbbefehl stehen muss. Laufen Sie gegebenenfalls noch einmal als Turtle das Quadrat ab und halten Sie vier Stifte in der Hand. Die Schülerinnen und Schüler sollen Ihnen nun zur richtigen Zeit den richtigen Befehl geben. Nun können die Schülerinnen und Schüler das Quadrat in verschiedenen Farben gestalten.

Programmieren mit dem TurtleCoder — Hintergrund

Lassen Sie nun die Schülerinnen und Schüler das farbige Quadrat programmieren.

Karte 1 | A — Aufgabe

3.4 Befehle ändern: Das große Quadrat

Zuletzt sollen die Schülerinnen und Schüler noch die Größe des Quadrats ändern können. Diese Aufgabe beinhaltet aber eine kleine Schwierigkeit: Die Schildkröte läuft aus dem Bild hinaus, wenn man sie nicht vorher in eine Ecke laufen lässt. Ermuntern Sie die Schülerinnen und Schüler, selbst zur Lösung des Problems zu kommen. Geben Sie nur dann Hinweise, wenn eine Gruppe das Problem allein nicht lösen kann. Auch hier können die Erkenntnisse im Portfolio eingetragen werden.

Karte 1 | B & Portfolio 1 | B — Aufgabe

Phase 4: Freiarbeit | Experimentieren

Haben Sie am Ende der Unterrichtseinheit noch Zeit, lassen Sie die Schülerinnen und Schüler noch ein wenig frei „spielen" und Befehle für die Turtle ausprobieren.

Karte 1 | B — Zusatzaufgabe

Übersicht: Grundlegende Befehle

Zeit	Phase	Inhalt	Aufgabe | Hilfe	Sozialform	Medien
10′	**Stundeneinstieg**	**1. Themeneinstieg** Was ist Programmieren? Wo spielt es eine Rolle?		UG	
15′	**Vorbereitung**	**2. Die ersten Befehle** Grundlegende Befehle	Portfolio 0 | A Portfolio 0 | B	UG	Tafel
55′	**Arbeitsphase**	**3. Das erste Programm** Erklärung der Programmierumgebung 3.1 Der erste Befehl: Der Strich 3.2 Befehlsfolgen: Das Quadrat 3.3 Variationen: Das bunte Quadrat 3.4 Befehle ändern: Das große Quadrat	 Karte 1 | A; Portfolio 1 | A Karte 1 | A; Portfolio 0 | C Karte 1 | B; Portfolio 1 |	UG / PA	Tafel, 1 PC/ Tablet je Team, TurtleCoder
10′	**Freiarbeit**	**4. Experimentieren** Freies Ausprobieren im TurtleCoder und Anwendung der neu erworbenen Befehle	Karte 1 | B	PA	Tafel, 1 PC/ Tablet je Team, TurtleCoder

Inklusiv lernen

Zeit lassen

Nehmen Sie sich Zeit bei der Einführung der Befehle. Nutzen Sie dazu auch die Geheimschrift, um über die Symbole einen niedrigschwelligen Einstieg zu ermöglichen.

Vorteile nutzen

Lassen Sie die Kinder sich als Turtle ganz analog durch den Raum bewegen. Insbesondere Kinder im Rollstuhl können den Drehbefehl für die Turtle logisch begreifen, denn sie drehen sich genauso wie die Turtle, um die Richtung zu wechseln. Nutzen Sie diesen Vorteil!

Schwierigkeiten minimieren

Versuchen Sie eine Schwierigkeit dieser Einheit vorwegzunehmen und reflektieren Sie mit den Lernenden, was ein Quadrat ist. Nutzen Sie dabei auch tatsächlich haptische Dinge und lassen Sie die Kinder nach quadratischen Formen und rechten Winkeln im Klassenraum suchen, nutzen Sie Schnüre oder ein großes Lineal, um gleich lange Seiten abzumessen.

Material nutzen

Hier finden Sie alle Materialien in der Übersicht, die Sie in dieser Stunde zur Durchführung benötigen.

Karten 1 | A und 1 | B

Mithilfe der ersten Karten lernen die Schülerinnen und Schüler ein Quadrat zu zeichnen und dessen Seiten bunt zu färben. Auch die Veränderung der Seitenlänge wird thematisiert.

Portfolio

Die Aufgaben 0 | bis 1 | B des Portfolios ergänzen die Unterrichtseinheit 1. Sie bieten eine Sicherung der ersten Befehle sowie eine Seite mit Denkanstößen.

Interaktives Turtle-Buch Kapitel 1

https://fb.tipp.fm/3240_Kap1.htm

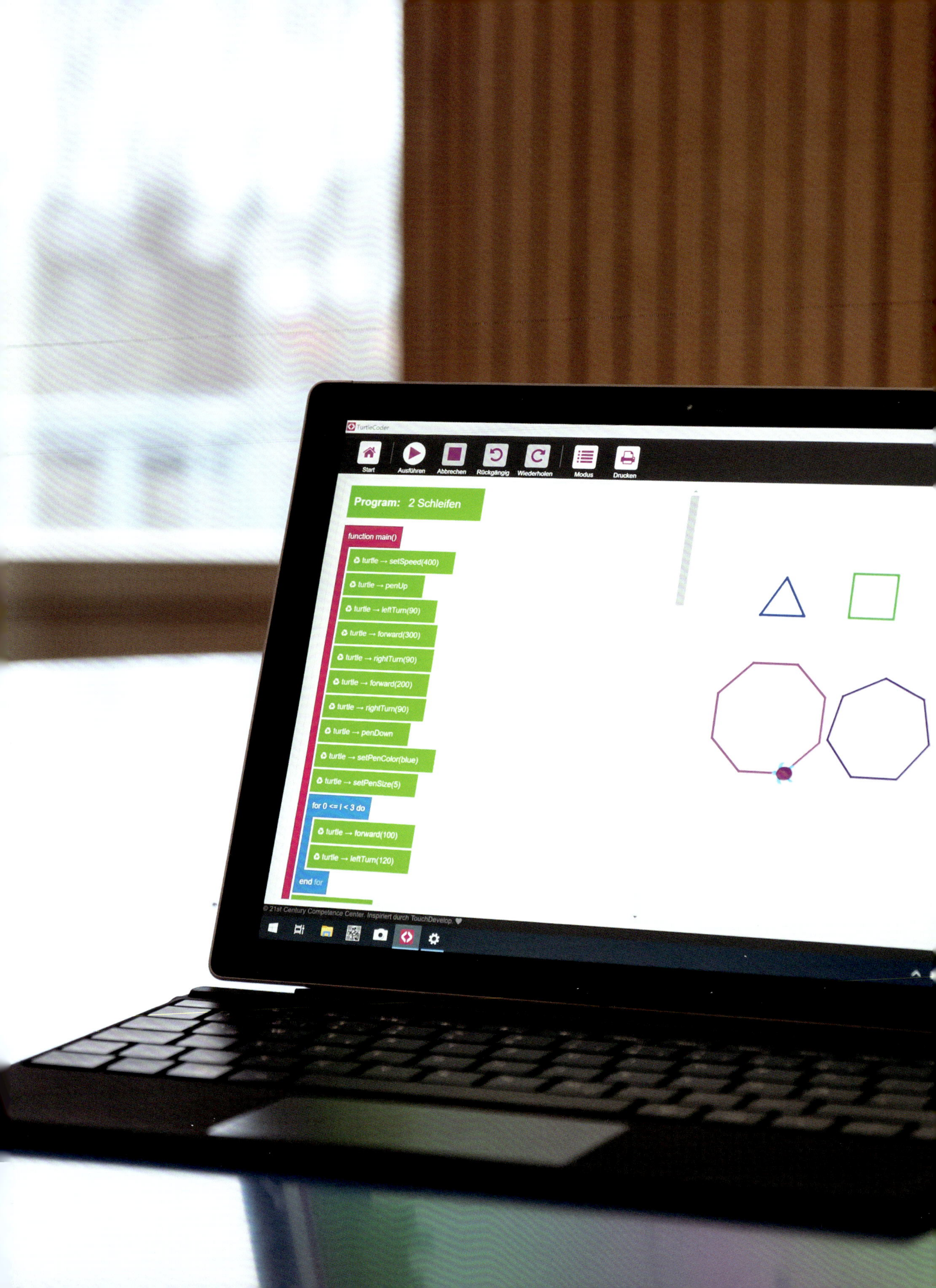

TurtleCoder
Start
Ausführen
Abbrechen
Rückgängig
Wiederholen
Modus
Drucken
Program: 2 Schleifen
function main()
turtle → setSpeed(400)
turtle → penUp
turtle → leftTurn(90)
turtle → forward(300)
turtle → rightTurn(90)
turtle → forward(200)
turtle → rightTurn(90)
turtle → penDown
turtle → setPenColor(blue)
turtle → setPenSize(5)
for 0 <= i < 3 do
turtle → forward(100)
turtle → leftTurn(120)
end for
© 21st Century Competence Center. Inspiriert durch TouchDevelop

Unterrichtseinheit

2 Schleifen

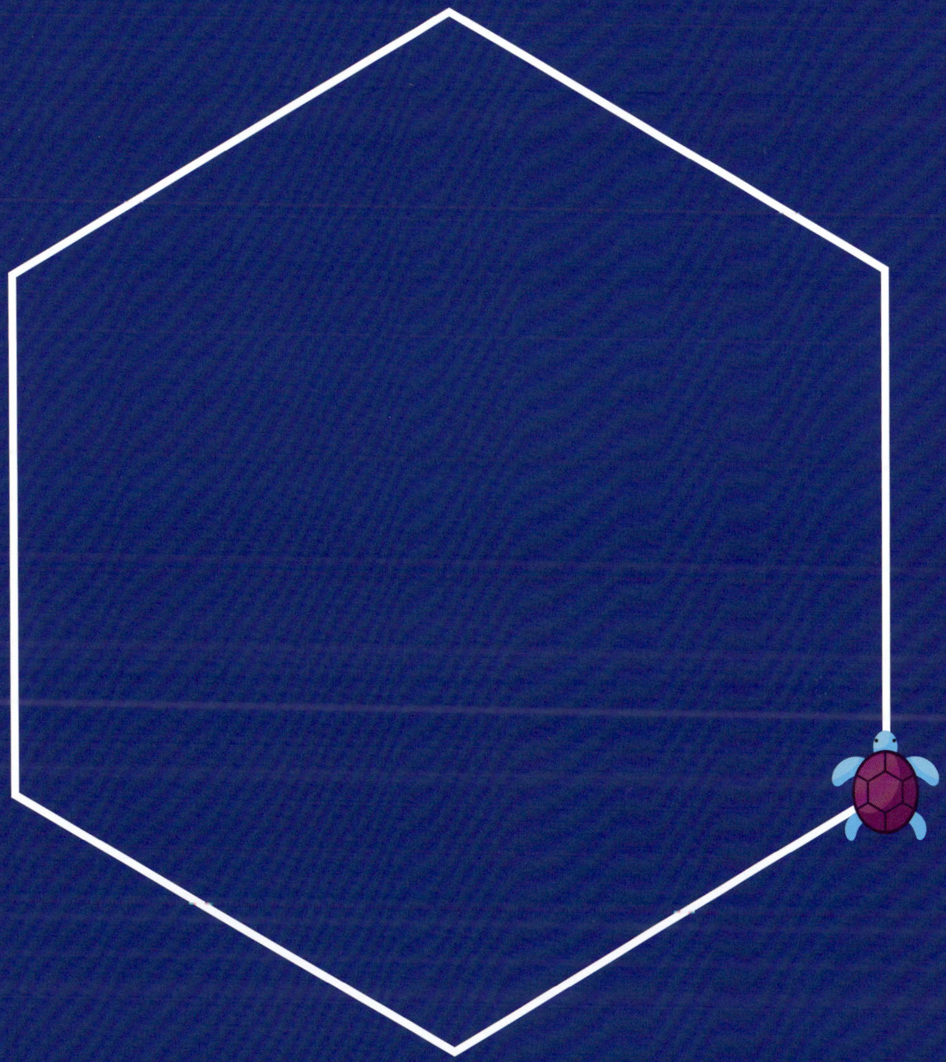

Einführung: Schleifen

„Puh, das ist schon die 30. Zeile Code. Das muss doch einfacher gehen“, werden die Ersten beim 36-Eck stöhnen. Das Problem ist also gefunden und der Wunsch groß, es zu lösen.

Das Ziel der zweiten Unterrichtseinheit ist es, den Kindern das erste strukturgebende Element, das Prinzip der Schleife, nahezubringen. Und zwar, indem die Kinder selbst darauf kommen.

Dazu sollen die Kinder, angefangen bei einem Quadrat, weitere regelmäßige n-Ecke programmieren. Je höher das n, desto mehr Codezeilen müssen die Kinder nach ihrem aktuellen Kenntnisstand untereinanderschreiben.

Gemeinsam gehen die Kinder auf die Suche und entdecken spielerisch die Möglichkeit, Wiederholungen in ihr Skript einzubauen. Wie von allein verfügen sie nun über neues Wissen, mit dessen Hilfe sie schon die wunderbarsten Muster programmieren können.

Lernergebnisse

Die Schülerinnen und Schüler

- ✔ können die Winkel von n-Ecken berechnen.
- ✔ können n-Ecke programmieren.
- ✔ verstehen die Struktur einer Schleife.
- ✔ können Schleifen programmieren.

Unterrichtsverlauf

Phase 1: Stundeneinstieg

Wiederholen Sie mit den Schülerinnen und Schülern die grundlegenden Befehle der Turtle. Bei Bedarf können Sie auch noch einmal die Turtle offline simulieren.

Phase 2: Arbeitsphase | Die Schleife

Lassen Sie zu Beginn der Stunde die Schülerinnen und Schüler erneut das Quadrat programmieren. Dazu sollen sie die Erkenntnisse aus der letzten Stunde nutzen.

2.1 Vielecke und ihre Winkel

Zeichnen Sie ein regelmäßiges 6-Eck an die Tafel und lassen Sie die Schülerinnen und Schüler dann das 6-Eck programmieren. Sobald eine Lerngruppe das 6-Eck geschafft hat, kann sie sich am nächsten n-Eck, zum Beispiel einem 8-Eck versuchen.

Karte 2 | A

Aufgabe

Überlegen Sie gemeinsam, was an den Codezeilen des Quadrats verändert werden muss, damit ein 6-Eck entsteht. Lassen Sie die Schülerinnen und Schüler die Größe des Winkels selbst überlegen beziehungsweise im TurtleCoder ausprobieren. Je nach Kenntnisstand wird es ihnen leichter oder schwerer fallen, selbst auf die Winkelgröße zu kommen.

Übung

Offline-Coding

Laufen Sie das Quadrat und zählen Sie dabei „1 x 90 Grad, 2 x 90 Grad, 3 x 90 Grad, 4 x 90 Grad“. Addieren die Kinder die Gradzahlen, kommen sie auf 360 Grad. Die Turtle ist also einmal komplett herumgelaufen. Laufen Sie nun ein 6-Eck, ohne die Gradzahl zu nennen. Die Schülerinnen und Schüler werden erkennen, dass Sie sich am Ende wieder um 360 Grad gedreht haben. Das Gleiche gilt auch für das 8-Eck. Die Winkel lassen sich also leicht berechnen, indem man 360 durch die Anzahl der Ecken teilt. Rechnen Sie mit den Kindern die Winkelgrößen für verschiedene n-Ecke aus und dokumentieren sie diese an der Tafel in einer Tabelle.

Online-Akademie

Vielecke

http://fb.tipp.fm/3227_Vielecke.htm

Workshop, Pettenkofer Grundschule, Berlin im Februar 2020

Anzahl Ecken	Winkelgrad der Ecken	Gradzahl gesamt
4	90	360
6	60	360
8	45	360
12	30	360
36	10	360

Lassen Sie die Kinder nun die verschiedenen n-Ecke programmieren.

Aufgabe	Karte 2 | A
Differenzierung	Portfolio 2 | A
Zusatzaufgabe	Karte 2 | A

Spätestens beim 36-Eck werden einige Schülerinnen und Schüler nach der Möglichkeit fragen, Befehle zu kopieren, da der Code sich immer länger wiederholt. Dies ist der richtige Moment, um die Zählschleife einzuführen.

2.2 Einführung von Zählschleifen

Übung

Offline-Coding
Bitten Sie drei Schülerinnen und Schüler nach vorn und simulieren Sie mit ihnen das Programm. Marie ist die Turtle, Tom sagt die Befehle und Bruno zählt vor, wie oft Tom die Befehle sagen muss. Bruno ist also die Schleife.

Brunos und Toms Aufgabe ist es, die Turtle, also Marie, dazu zu bringen, ein Quadrat zu laufen. Dazu sagt Tom die Befehle für vorwärts laufen und 90 Grad drehen und Bruno zählt diese beiden Befehle, bis Marie als Turtle diese viermal durchgeführt hat. Für jeden Durchgang klopft Bruno dabei Tom auf die Schulter und zählt laut mit, bis er bei 4 ist.

Malen Sie nun die Schleife folgendermaßen an die Tafel:

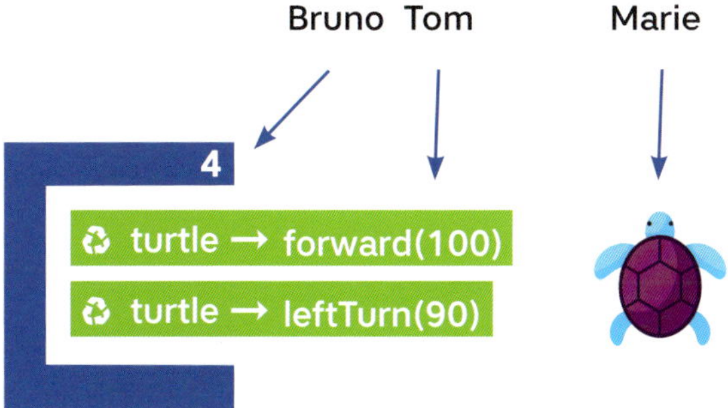

Online-Akademie

Schleifen

http://fb.tipp.fm/
3233_Schleifen.htm

<u>**Hinweis:**</u> *Wir haben gute Erfahrungen damit gemacht, an dieser Stelle die Schleife nach einem Schüler oder einer Schülerin zu benennen, wie in unserem Beispiel Bruno. So heißt die Zählschleife von nun an Bruno-Schleife. So können sich die Schülerinnen und Schüler den Befehl gut merken.*

Lassen Sie die Schülerinnen und Schüler auf den Tastaturfeldern der Turtle nach dem passenden Befehl suchen. Haben die Kinder die for-Schleife gefunden, lassen Sie die Schülerinnen und Schüler nun ein regelmäßiges 6-Eck mithilfe der Schleife programmieren.

Karte 2 | B

Aufgabe

Die Schleife ist ein wichtiges Programmierprinzip. Die Schülerinnen und Schüler können sich zur Festigung im Portfolio notieren, was eine Schleife ist.

Portfolio 2 | A

Differenzierung

2.3 Die Struktur der Schleife

Schauen Sie sich mit den Schülerinnen und Schülern nun einmal genauer das Konstrukt der Schleife mit den Ziffern und Symbolen rund um den „Zähler“ i an.

Zeichnen Sie zur Erläuterung eine Tabelle an die Tafel und überlegen Sie gemeinsam mit den Schülerinnen und Schülern, was < im Gegensatz zu ≤

bedeutet und wie sich die Zahlen der for-Schleife ergeben.

Am Beispiel von „for 0 <= i < 5“ bedeutet das:	
i	Abzählungen
0	1
1	2
2	3
3	4
4	5

Damit erklärt sich den Schülerinnen und Schülern, wieso die Befehle der Schleife bereits das 1. Mal ausgeführt werden, obwohl als Ziffer des Zählers eine 0 steht (0 <= i) und wieso dennoch der Zähler, wie in unserem Beispiel, bei der Zählerzahl 4 endet (i < 5), trotzdem aber 5 Wiederholungen der grün unterlegten Befehle durchgeführt werden.

Besonders anschaulich wird dies, wenn wir den Farb-Befehl verwenden und i als Parameter eintragen.

Hintergrund

Programmieren mit dem TurtleCoder

Hinweis: *Diese Vorüberlegung und Anwendung greift das Programmierprinzip Variablen bereits auf, ohne dass es genauer thematisiert wird. In der nächsten Unterrichtseinheit wird dies dann ausführlich behandelt.*

Phase 3: Freiarbeit | Experimentieren mit der Schleife

Geben Sie den Schülerinnen und Schülern nun ausreichend Zeit, die Verwendung der Schleifen zu üben. Lassen Sie die Kinder in einer Phase der Freiarbeit eigenständig verschiedene Muster und Formen programmieren. So können die Kinder das neu gefundene Programmierprinzip eigenständig einüben und Routine im Umgang mit den Codezeilen bekommen.

Zusatzaufgabe

Karte 2 | B

Die schönsten Muster können die Kinder ausdrucken und in ihr Portfolio kleben.

Differenzierung

Portfolio 2 | C

Einige Kinder werden Sie fragen, ob man die Turtle nicht beschleunigen kann. Über den Befehl zur Farbänderung können die Schülerinnen und Schüler mithilfe der englischen Sprache ganz allein auf den Befehl zur Geschwindigkeitsänderung kommen.

```
♻ turtle → setSpeed(400)
```

Phase 4: Ausblick | Hausaufgabe

In der kommenden Unterrichtseinheit geht es um Mäander. Geben Sie den Kindern am Ende der Stunde die Hausaufgabe mit herauszufinden, was ein Mäander ist. Sie können zur Dokumentation der Hausaufgabe das Portfolio nutzen.

Portfolio 3 | HA

Aufgabe

Girls'Day, Microsoft, Berlin im März 2019

Übersicht: Schleifen

<table>
<tr><th>Zeit</th><th>Phase</th><th>Inhalt</th><th>Aufgabe | Hilfe</th><th>Sozialform</th><th>Medien</th></tr>
<tr><td>10‘</td><td>Stundeneinstieg</td><td>1. Wiederholung
Wiederholung des Grundwortschatzes</td><td></td><td>UG</td><td></td></tr>
<tr><td>15‘</td><td>Arbeitsphase</td><td>2. Programmierung mit der Schleife
Einführung des ersten Programmierprinzips: Die Schleife
2.1 n-Ecke und ihre Winkel
2.2 Einführung der Zählschleife
2.3 Die Struktur der Schleife</td><td>Karte 2 | A; Portfolio 2 |A
Z: Karte 2 | A
Karte 2 | B; Portfolio 2 | B</td><td>UG</td><td>Tafel</td></tr>
<tr><td>55‘</td><td>Freiarbeit</td><td>3. Experimentieren mit der Schleife
Anwendung der Schleifen und freies Ausprobieren</td><td>Z: Karte 2 | B; Portfolio 2 | C</td><td>UG / PA</td><td>Tafel, 1 PC/ Tablet je Team, TurtleCoder</td></tr>
<tr><td>10‘</td><td>Ausblick</td><td>4. Hausaufgabe</td><td>Portfolio 3 | HA</td><td>UG</td><td></td></tr>
</table>

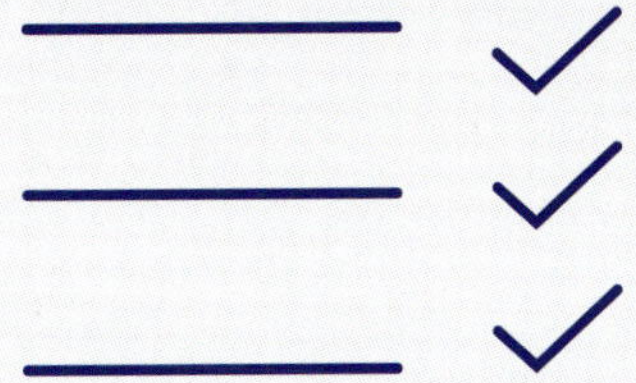

Inklusiv lernen

Strukturen erkennen

Nutzen Sie die Geheimschrift, um mit den Lernenden die sich wiederholende Struktur im Programmcode zu entdecken. Legen Sie die Symbole für ein Vieleck im Klassenraum aus und schieben Sie die zusammengehörenden Befehle zusammen. Die Schülerinnen und Schüler erkennen dadurch, was sich immer wiederholt.

Vorbereiten

Das Winkelkonzept ist für manche Schülerinnen oder Schüler kognitiv nicht zu verstehen. Nehmen Sie diese Schwierigkeit vorweg und schreiben Sie die Zahlen für die Winkel der Vielecke bereits auf Klebezettel. Die Kinder können sie nun passend zuteilen.

Teilhabe sichern

Lernende mit einer schweren Mehrfachbehinderung können hier teilhaben! Mit Unterstützung können sie die Turtle spielen und Figuren abfahren, sie können die Symbolkarten halten oder austeilen.

Material

Hier finden Sie alle Materialien in der Übersicht, die Sie in dieser Stunde zur Durchführung benötigen.

Karte 2

Mithilfe der Karten lernen die Schülerinnen und Schüler erst ein 6-Eck und dann verschiedene n-Ecke zu zeichnen. Anschließend wird die Schleife eingeführt.

Portfolio

Als Ergänzung der Unterrichtseinheit 2 unterstützt Sie das Portfolio. Die Aufgaben 2 | A bis 3 | HA bieten einen kreativen Weg der Sicherung und eine Seite mit Denkanstößen sowie eine Hausaufgabe.

Interaktives Turtle-Buch Kapitel 2

https://fb.tipp.fm/3241_Kap2.htm

Workshop, Pettenkofer Grundschule, Berlin im Februar 2020

Unterrichtseinheit

3 Variablen

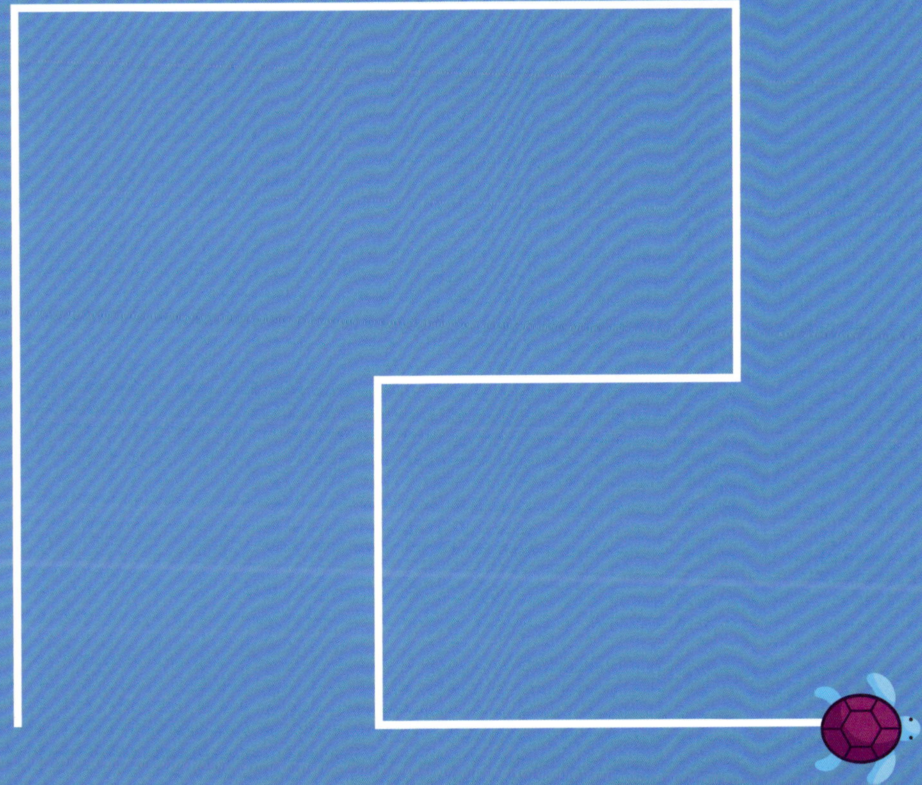

Einführung: Variablen

„Ich hätte gerne eine Mäanderkachel mit der Seitenlänge 50", ruft die Lehrkraft in der Rolle des Kunden ins Klassenzimmer. Fleißig verändern die Kinder den Code ihres Mäanders in die richtige Größe.

Diese dritte Unterrichtseinheit führt Variablen als neues Prinzip ein. In einer Übung simulieren die Kinder eine Fabrik, in der Kacheln mit schönen Mäandermustern hergestellt werden.

Sie spielen den Kunden, der immer wieder Muster in anderen Größen verlangt. Die Kinder kommen dabei recht schnell an einen Punkt, an dem sie erkennen, dass das Verwenden von Variablen eine große Zeitersparnis bedeutet. An den richtigen Stellen eingesetzt, hilft ihnen die Variable, den Wünschen des Kunden in Sekundenschnelle zu entsprechen.

Lernergebnisse

Die Schülerinnen und Schüler

- ✔ wissen, was ein Mäander ist.
- ✔ programmieren einen Mäander.
- ✔ nehmen Veränderungen an einem gegebenen Mäander vor.
- ✔ nutzen die Variable „laenge".
- ✔ beherrschen den Standardwortschatz der Turtle.

Unterrichtsverlauf

Phase 1: Stundeneinstieg

Nutzen Sie den Anfang der Stunde, um mit den Schülerinnen und Schülern das Gelernte aus den letzten beiden Unterrichtseinheiten zu wiederholen. Rufen Sie hier den Schülerinnen und Schülern noch einmal den richtigen Namen der for-Schleife ins Gedächtnis.

Online-Akademie

Variablen und Mäander

http://fb.tipp.fm/3234_Variablen.htm

Phase 2: Arbeitsphase | Programmieren mit Variablen

2.1 Mäander programmieren

Vergleichen Sie die Hausaufgabe und suchen Sie nach Gemeinsamkeiten der verschiedenen Mäander. Besprechen Sie mit den Schülerinnen und Schülern, worum es sich bei einem Mäander handelt und was ihn ausmacht (Mäander sind Flussschlingen oder Ornamente mit einem Muster, das sich wiederholt).

Portfolio 3 | HA

Aufgabe

Malen Sie folgendes Muster an die Tafel:

Online-Akademie

Mäander

http://fb.tipp.fm/3228_Maeander.htm

Überlegen Sie mit den Schülerinnen und Schülern, wie die Turtle den Mäander zeichnen kann und wie man die for-Schleife dabei einsetzt. Zeichnen Sie gemeinsam mit den Schülerinnen und Schülern die Stelle ein, an der der Mäander beginnt, sich zu wiederholen und fragen Sie, in welche Richtung die Turtle am Ende schauen muss. Lassen Sie die Schülerinnen und Schüler anschließend den Mäander von der Turtle zeichnen.

Karte 3 | A

Aufgabe

Als Hilfestellung können die Kinder auch erst einmal die Geheimschrift nutzen, um die richtigen Befehle und vor allem die Drehrichtung herauszufinden. Dazu kann auch das Portfolio genutzt werden.

Portfolio 3 | A

Differenzierung

2.2 Einführung von Variablen

Simulieren Sie mit den Schülerinnen und Schülern eine Mäanderfabrik, in der Kunden unterschiedliche Mäander kaufen können. Die Mäanderfabrik ist eine Form der Simulation, in der mit den Schülerinnen und Schülern eine fiktive Fabrik nachgespielt wird, in der komplizierte Mäander programmiert werden sollen.

Entwickeln Sie mit den Schülerinnen und Schülern die Idee, eine Mäanderfabrik zu gründen. Stellen Sie sich gemeinsam vor, dass ein Kunde zur Tür hereinkommt und sich ein konkretes Mäandermuster in x-facher Ausführung und mit einer bestimmten Seitenlänge wünscht. Öffnen Sie dafür zum Beispiel spielerisch die Tür des Klassenraums und spielen Sie den Kunden. Betreten Sie den Raum und geben Sie den Schülerinnen und Schülern einen Auftrag: „Ich hätte gern diesen Mäander (siehe Tafel) mit einer Seitenlänge von 50 in 7-facher Ausführung."

Werfen Sie die Frage auf, an wie vielen Stellen eine Ziffer geändert werden müsste, um den Auftrag umzusetzen. Im eben programmierten Beispiel wäre dies an fünf Stellen der Fall, an vier Stellen bei der Seitenlänge und einmal bei der Anzahl der Wiederholungen. Machen Sie den Schülerinnen und Schülern klar, dass dieses Beispiel ein recht einfaches Muster eines Mäanders darstellt. Die Zahl der Änderungen könnte auch deutlich höher sein. Ein Kunde hat allerdings nicht die Zeit, um so lange zu warten beziehungsweise ist die Schlange der Kunden sehr lang und sie wollen schnell ein Ergebnis sehen. Schnell werden die Schülerinnen und Schüler feststellen wie umständlich es ist, jedes Mal alle Werte ändern zu müssen. Sammeln Sie gemeinsam mit den Schülerinnen und Schülern Ideen, wie sich das Problem lösen ließe und gelangen Sie gemeinsam zum Thema Variablen.

Bitten Sie drei Kinder nach vorn. Am besten wählen Sie die Kinder aus der Offline-Übung der Bruno-Schleife, in unserem Beispiel Marie und Tom und zusätzlich noch ein drittes Kind, zum Beispiel Nele.

Übung

Offline-Coding
Marie ist wieder die Schildkröte, Tom sagt die Befehle. Neu im Spiel ist Nele. Sie ist für die Wünsche des Kunden der Merkkasten, der Tom die gewünschte Seitenlänge des Mäanders zuflüstert. Sie selbst spielen wieder den Kunden. Ziel ist es, dass Marie am Ende einmal den einfachen Mäander läuft (der Einfachheit halber ohne Wiederholungen). Der Mäander soll so groß sein, wie der Kunde ihn sich wünscht.

Schreiben Sie als Hilfestellung für Tom gegebenenfalls die benötigten Befehle des Mäanders noch einmal an die Tafel.

Lassen Sie dabei die Klammer beim Forward-Befehl leer.

Nele bekommt die Aufgabe, jedes Mal nach dem Forward-Befehl die Zahl zu sagen, die Sie ihr als Kunde einflüstern. Flüstern Sie Nele die gewünschte Seitenlänge leise ins Ohr, zum Beispiel 1. Tom sagt den ersten Befehl „forward", Nele sagt die gewünschte Zahl laut und Marie läuft einen Schritt nach vorn. Nach diesem Prinzip durchlaufen die drei Lernenden das ganze Programm. Flüstern Sie in der zweiten Runde eine andere Zahl zu, zum Beispiel 2. Erhöhen Sie gerne nach zwei Durchgängen die Geschwindigkeit, in der die Variable geändert wird.

```
turtle → forward (laenge)
turtle → rightTurn (90)
turtle → forward (laenge)
turtle → rightTurn (90)
turtle → forward (laenge)
turtle → leftTurn (90)
turtle → forward (laenge)
turtle → leftTurn (90)
```

```
var (laenge) := (1)
```

Ergänzen Sie im Tafelbild die fehlenden Bausteine des Programmcodes. Beginnen Sie, „laenge" in die Klammern zu schreiben, zeigen Sie dann, wie man die Variable im Programmcode schreibt und erklären Sie den Kindern, dass das Zeichen „:=" das Flüstern des Kunden ist. Nun haben die Schülerinnen und Schüler ein weiteres Programmierprinzip kennengelernt, nämlich die Variablen. Damit die Schülerinnen und Schüler den Merkkasten besser in Erinnerung behalten, verwenden Sie auch hier den Namen des Kindes aus der Übung. In unserem Beispiel ist das Nele. Das Prinzip der Variablen heißt von nun an Nele-Merkkasten. In diesem Merkkasten stecken die Wünsche des Kunden.

Lassen Sie die Schülerinnen und Schüler in ihrem Skript eine Variable definieren.

Karte 3 | A

Aufgabe

Workshop, Pettenkofer Grundschule, Berlin im Februar 2020

Der Befehl befindet sich auch in der Menüauswahl. Weisen Sie darauf hin, dass die Variable immer erst definiert werden muss, bevor das Programm sie in dem Programmcode einsetzen kann, denn auch der Kunde muss erst seinen Wunsch äußern, bevor dieser erfüllt werden kann. Das heißt, die Variable muss immer vor dem Befehl stehen, in dem sie zum ersten Mal zum Einsatz kommt.

In unserem Beispiel oben muss die Variable also in die erste Zeile geschrieben werden, zum Beispiel „laenge". Nach dem Zuweisungsoperator „:=" schreiben Sie die Zahl, die „zugeflüstert" wurde, in unserem Fall die gewünschte Seitenlänge des Kunden für den Mäander.

```
var (laenge) := (50)
```

Das Zeichen „:=" ist ein Zuweisungsoperator. Er weist der Variable einen bestimmten Wert zu. Wir führen hier das Zeichen bereits ein, in der Unterrichtseinheit 5 wird es genauer behandelt.

Hinweis: *Nutzen Sie die Gelegenheit und erklären Sie den Kindern, dass eine Variable, sprich der Nele-Merkkasten, idealerweise auch Worte als sogenannte „sprechende" Merkkästen beinhaltet. Im vorliegenden Fall nutzen wir das Wort „laenge", weil die Seitenlänge verändert werden soll. So sehen beziehungsweise lesen wir auf den ersten Blick, was sich der Merkkasten merkt.*

An jeder Stelle im Code, wo die Variable „laenge" eingesetzt wurde, wird diese bei der Ausführung des Programms automatisch durch den benannten Wert, in unserem Fall den Wert 50, ersetzt. Käme jetzt ein Kunde in unsere Mäanderfabrik, brauchen wir nur die Ziffer des Merkkastens zu ändern und sofort erhält er das voreingestellte Mäandermuster.

Phase 3: Freiarbeit | Anwendung von Variablen

3.1 Anwendung Mäander

Haben es die Schülerinnen und Schüler geschafft, den einfachen Mäander mit Variablen zu programmieren, können sie sich nun etwas komplexere Formen vornehmen. Starten Sie noch einmal gemeinsam und zeichnen Sie den folgenden, etwas komplizierteren Mäander an die Tafel. Nutzen Sie, wenn vorhanden, die karierten Felder der Tafel. Legen Sie als Hilfestellung die Längen fest: Kurze Seiten 50, lange Seiten 100.

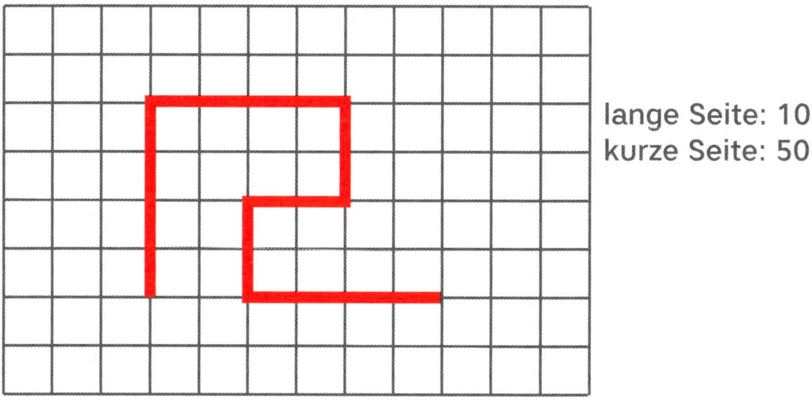

Lassen Sie die Schülerinnen und Schüler den Mäander programmieren und gleich 2 Variablen verwenden.

Karte 3 | B

Aufgabe

Auch hier ist es hilfreich, mit der Geheimschrift zu arbeiten, um die Befehle für den Mäander besser zu verstehen. Im Portfolio haben die Lernenden wieder die Möglichkeit, eine Übung zu machen.

Portfolio 3 | B

Differenzierung

Lassen Sie die Schülerinnen und Schüler, welche die Aufgabe schnell lösen, noch weitere Mäander in anderen Größen und mit weiteren Linien zeichnen. Alternativ können sie überlegen, wie sich der Mäander auch nur mit einer Variable zeichnen lässt. Die verschiedenen Ergebnisse können im Portfolio dokumentiert werden.

Karte 3 | B & Portfolio 3 | C

Zusatzaufgabe

Übersicht: Variablen

Zeit	Phase	Inhalt	Aufgabe | Hilfe	Sozialform	Medien
10‘	**Stundeneinstieg**	**1. Wiederholung** Wiederholung des Grundwortschatzes und der Schleife		UG	
45‘	**Vorbereitung**	**2. Programmieren mit Variablen** Einführung des Programmierprinzips Variable 2.1 Mäander programmieren 2.2 Einführung Variablen	Karte 3 | A; Portfolio 3 | A Portfolio 3 | HA Karte 3 | A	UG / PA	Tafel, 1 PC/ Tablet je Team, TurtleCoder
20‘	**Arbeitsphase**	**3. Anwendung von Variablen** Programmieren eigener Mäander mithilfe von Variablen	Karte 3 | B; Portfolio 3 | B Z: Karte 3 | B; Portfolio 3 | C	UG / PA	Tafel, 1 PC/ Tablet je Team, TurtleCoder

Inklusiv lernen

Mutig sein

Variablen sind ein schwieriges Konstrukt. Das Simulieren der Mäanderfabrik hilft den Schülerinnen und Schülern, das Konzept auf einer visuellen Ebene zu verstehen, und die Emotion bei der Übung unterstützt den Lernprozess. Trauen Sie sich diese Einheit zu und beteiligen Sie viele Kinder beim Spielen der Merkkästen.

Kompetenzen nutzen

Nehmen Sie sich Zeit, mit den Kindern verschiedene Mäander zu konstruieren. Bilden Sie Lerntandems, um verschiedene Stärken zum Einsatz kommen zu lassen: Einer zeichnet ein Mäandermuster vor, der andere programmiert es.

Richtungen begreifen

Das Ablaufen der Muster im Raum, hilft die richtigen Drehbefehle zu finden. Lassen Sie die Schülerinnen und Schüler ihre Mäander auf den Boden kleben und gemeinsam ablaufen.

Material

Hier finden Sie alle Materialien in der Übersicht, die Sie in dieser Stunde zur Durchführung benötigen.

Karten 3 | A und 3 | B

Mithilfe der zwei Karten lernen die Schülerinnen und Schüler mit Variablen zu arbeiten, indem sie unterschiedliche Mäander zeichnen.

Portfolio

Die Aufgaben 3 | HA bis 3 | C des Portfolios ergänzen die Unterrichtseinheit 3. Diese Aufgaben bieten eine Heranführung an den Mäander und eine Seite mit Denkanstößen.

Interaktives Turtle-Buch Kapitel 3

https://fb.tipp.fm/3242_Kap3.htm

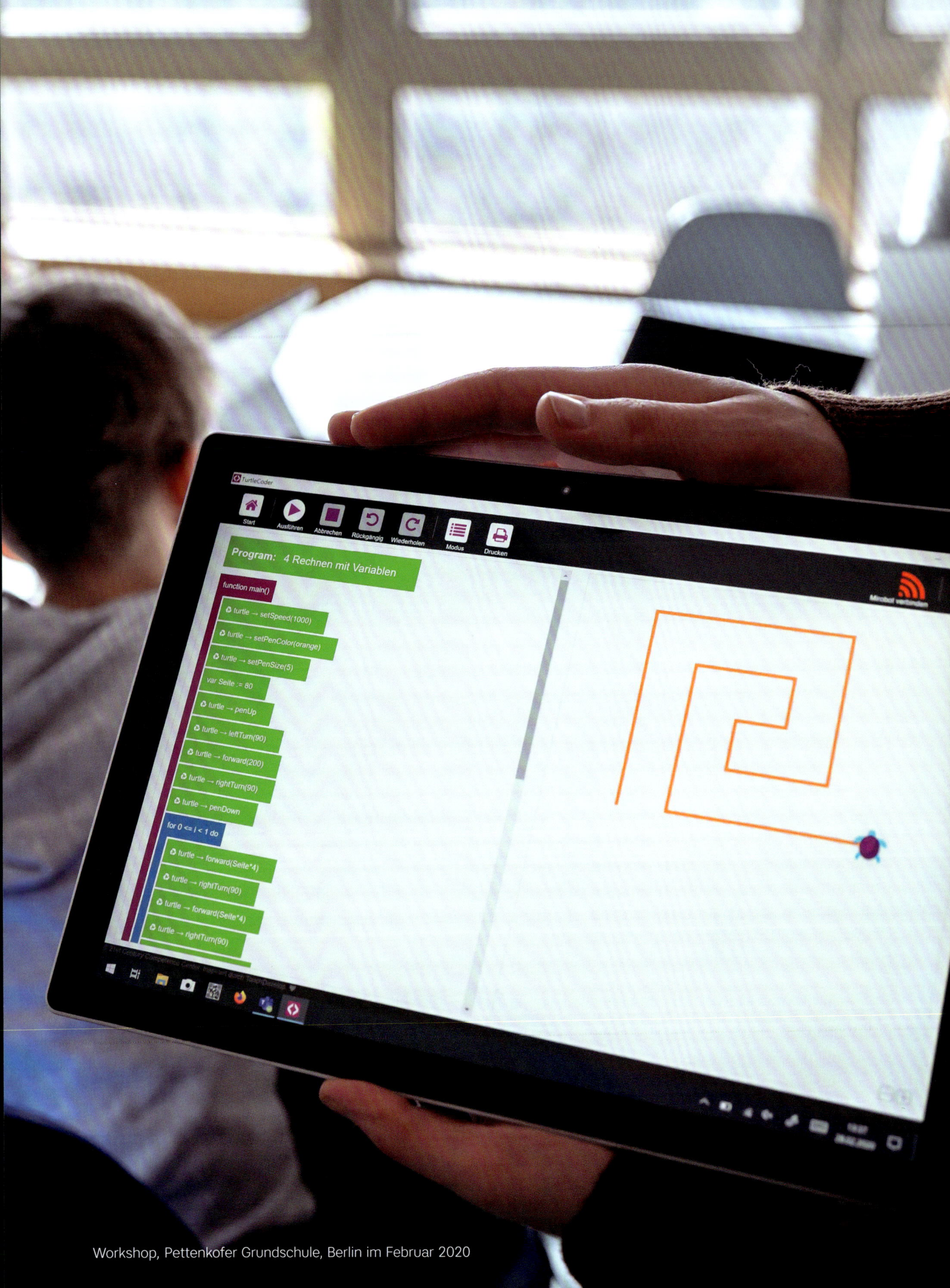

Workshop, Pettenkofer Grundschule, Berlin im Februar 2020

Unterrichtseinheit

4 Rechnen mit Variablen

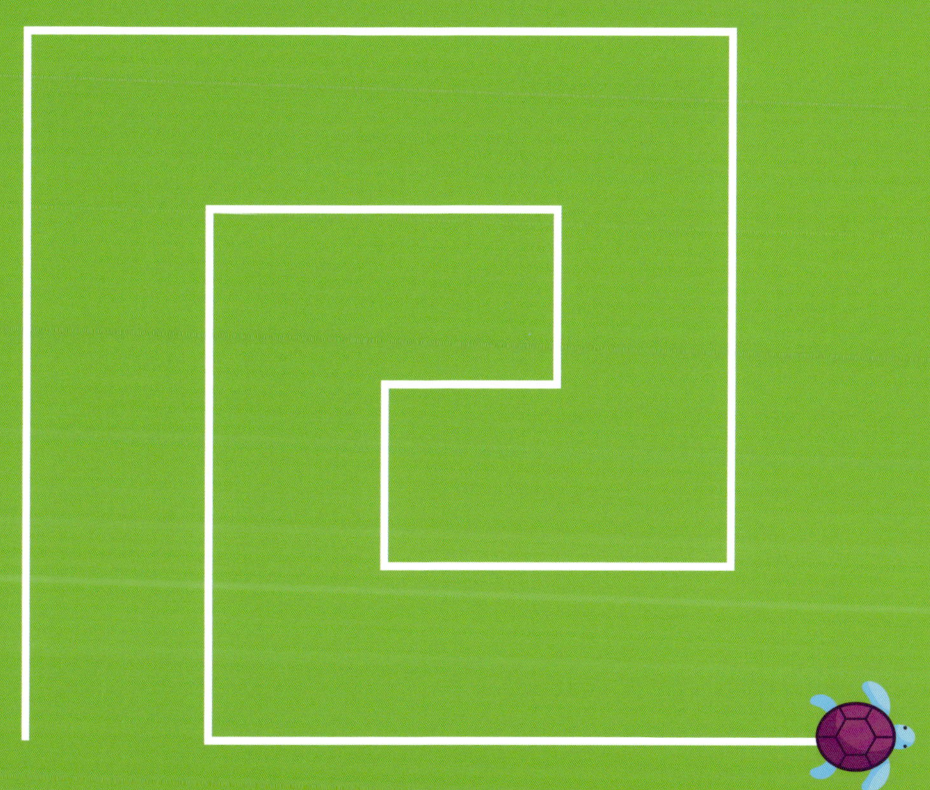

Einführung: Rechnen mit Variablen

"Was, das ist Mathe?
Dann ist Mathe ab heute mein Lieblingsfach."

Die vierte Unterrichtseinheit führt in die Möglichkeit ein, Rechenvorgänge mit Variablen zu kombinieren, um komplexe Skripte vereinfacht darstellen zu können.

Spätestens jetzt zeigt sich die enge Verknüpfung von Programmieren und Mathematik. Das logische Denken und Abstraktionsvermögen der Schülerinnen und Schüler wird herausgefordert und findet in einem für sie neuen Anwendungsfeld Platz.

Viele positive Rückmeldungen von Schülerinnen und Schülern sind Sinnbild für die Bedeutung anwendungsbezogenen Lernens und zeigen, wie begeisterungsfähig die Schülerinnen und Schüler in dieser Altersgruppe für logisches Denken und Programmieren sind.

Lernergebnisse

Die Schülerinnen und Schüler

- ✔ wissen, wie das Computerprogramm Berechnungsvorgänge übernehmen kann.
- ✔ können komplizierte Mäander mithilfe von Variablen programmieren.

Unterrichtsverlauf

Phase 1: Stundeneinstieg

Greifen Sie das Thema der letzten Stunde wieder auf. Rufen Sie die Mäanderfabrik ins Gedächtnis und gehen Sie darauf ein, dass mithilfe des Merkkastens verschiedene Muster recht schnell in ihrer Größe variiert werden können. Dokumentieren Sie gemeinsam mit den Schülerinnen und Schülern an der Tafel, wie das Skript des Mäanders inklusive Bruno-Schleife und Nele-Merkkasten aussah.

Phase 2: Arbeitsphase | Rechnen mit Variablen

2.1 Einführung in das Rechnen mit Variablen

Zeichnen Sie den Mäander aus der letzten Stunde noch einmal an die Tafel, idealerweise auf die karierten Felder. Geben Sie als Hilfestellung wieder die Länge der Seiten an, zum Beispiel lange Seite 200 und kurze Seite 100.

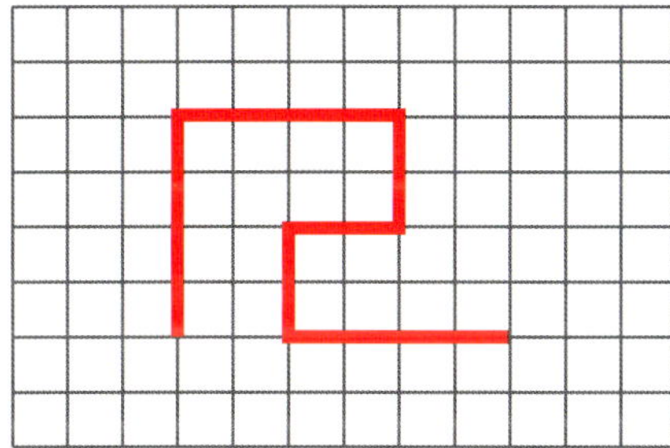

lange Seite: 200
kurze Seite: 100

Lassen Sie die Schülerinnen und Schüler den Mäander von der Turtle zeichnen.

Karte 4 | A

Aufgabe

Zur Unterstützung können die Schülerinnen und Schüler im Portfolio die Befehle Schritt für Schritt aufschreiben.

Portfolio 4 | A

Differenzierung

Fordern Sie die Kleingruppen nun nach und nach auf, die Größe des Mäanders zu ändern.

Workshop, Humboldt-Gymnasium, Ulm im Juni 2018

Für die schnelleren Schülerinnen und Schüler können Sie eine kleine Herausforderung einbauen: Geben Sie die Aufgabe, den Mäander mit der langen Seitenlänge 150 zu programmieren. Die kurze Seitenlänge verraten Sie vorerst nicht. Hier müssen die Schülerinnen und Schüler erst einmal überlegen. (Antwort 75)

Zusatzaufgabe

Karte 4 | A

Haben alle Schülerinnen und Schüler den Mäander in mindestens zwei unterschiedlichen Größen ausgeführt, lenken Sie die Aufmerksamkeit wieder nach vorn. Nach dieser Vorübung werden wir uns nun einem komplizierteren Muster widmen, um nach und nach zu zeigen, dass Computerprogramme rechnen können.

Zeichnen Sie folgenden Mäander an die Tafel und fragen Sie die Schülerinnen und Schüler, wie viele Merkkästen, sprich Variablen sie benötigen. Markieren Sie die jeweiligen Längen und beginnen Sie mit „laenge1" bei der kürzesten Seite und enden Sie mit „laenge4" an der längsten Seite. Lassen Sie die Lernenden nun den Mäander programmieren.

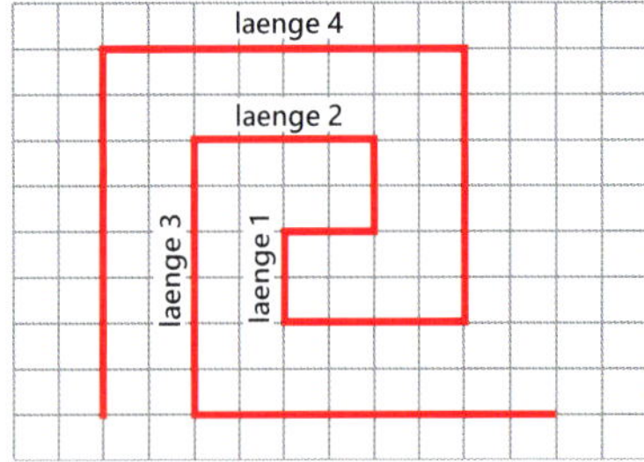

Die kürzeste Seite, also „laenge1“, soll dabei 100 betragen.

Karte 4 | B

Aufgabe

Geben Sie den Schülerinnen und Schülern die Aufgabe, die Längen zu verändern. Die kurze Seite soll zum Beispiel nur 50 betragen oder die längste Seite 300. Reflektieren Sie gegebenenfalls mit den Kindern, an wie vielen Stellen sie etwas verändern müssen.

Karte 4 | B

Aufgabe

Im Portfolio haben die Kinder die Möglichkeit, sich Notizen zu machen und bei Bedarf schriftlich zu rechnen.

Portfolio 4 | B

Differenzierung

Karte 4 | B

Zusatzaufgabe

Schauen Sie sich um, bestimmt haben bei dieser Aufgabe einige Lernende bereits ausgerechnet, was an jeder Seitenlänge stehen soll. Doch auch das Computerprogramm kann rechnen.

Überlegen Sie mit den Schülerinnen und Schülern, was jeweils gerechnet werden muss, um von dem Wert der kürzesten Seite auf die Werte der anderen Längen zu kommen. Dokumentieren Sie dies an der Tafel mit einer Tabelle. Dabei werden die Schülerinnen und Schüler feststellen, dass nur noch eine Variable benötigt wird. Alle Längen können zum Beispiel nur mit der Variable „laenge1“ ausgedrückt werden. Die anderen sind dann lediglich Multiplikationen der Variable „laenge1“.

	Runde 1	Runde 2	Runde 3	Rechenvorgang
laenge1	100	50	25	laenge1
laenge2	200	100	50	2 x laenge1
laenge3	300	150	75	3 x laenge1
laenge4	400	200	100	4 x laenge1

Lassen Sie die Schülerinnen und Schüler nun die Variablen in ihrem Programmcode austauschen.

Karte 4 | C

Aufgabe

Portfolio 4 | C

Differenzierung

Online-Akademie

Sterne

http://fb.tipp.fm/3230_Sterne.htm

2.2 Anwendung verschiedener Rechenvorgänge

Die Schülerinnen und Schüler werden in unterschiedlichem Tempo zum geforderten Mäander kommen. Geben Sie Ihrer Lerngruppe die Chance, das eben Gelernte zu verinnerlichen, und lassen Sie die Kinder noch ein wenig experimentieren und die Größen variieren. Greifen Sie gerne die Simulation der Fabrik noch einmal auf. Spannend wird es, wenn die Schülerinnen und Schüler den Mäander mit der Schleife in lange Bänder verwandeln.

Hinweis: *Starten Sie gegebenenfalls einen kleinen Wettbewerb: Wer schafft den längsten Mäander? Seien Sie aber vorsichtig: Nicht jede Lerngruppe reagiert positiv auf Wettbewerbe.*

Phase 3: Freiarbeit | Kreatives Ausprobieren

Lassen Sie die Schülerinnen und Schüler anschließend selbst Mäander zeichnen und ausprobieren. Durch die Freiarbeit vertiefen die Schülerinnen und Schüler ihr Wissen und wenden das Gelernte entsprechend ihrem Können an.

Geben Sie den Schülerinnen und Schülern ab diesem Zeitpunkt auch zielgerichtet Aufgaben zum Knobeln, wie zum Beispiel eine quadratische Schnecke, und lassen Sie die Schülerinnen und Schüler die schönsten Ergebnisse in das Portfolio einkleben.

Zusatzaufgabe

Karte 4 | C & Portfolio 4 | D

„Wow, was meine Schülerinnen und Schüler hier für sich alles mitnehmen ist toll! Die Turtle nimmt ab jetzt einen feste Platz bei uns ein."

Heike Kroll, Schule am Pappelhof

Workshop, Schule am Pappelhof, Berlin im Februar 2020

Übersicht: Rechnen mit Variablen

Zeit	Phase	Inhalt	Aufgabe | Hilfe	Sozialform	Medien
15‘	**Stundeneinstieg**	**Wiederholung** Wiederholung des Programmierprinzips Variablen		UG	
50‘	**Arbeitsphase**	**2. Rechnen mit Variablen** 2.1 Einführung in das Rechnen mit Variablen 2.2 Anwenden verschiedener Rechenvorgänge	Karte 4 | A; Portfolio 4 | A Z: Karte 4 |A Karte 4 | B; Portfolio 4 | B Z: Karte 4 | B Karte 4 | C; Portfolio 4 | C	UG / PA	Tafel, 1 PC/ Tablet je Team, TurtleCoder
20‘	**Freiarbeit**	**3. Kreatives Ausprobieren** Programmieren eigener Formen mit Hilfe von Variablen und verschiedenen Rechenvorgängen	Z: Karte 4 | C; Portfolio 4 | D	UG / PA	Tafel, 1 PC/ Tablet je Team, TurtleCoder

Inklusiv lernen

Turtle sprechen lassen

Nutzen Sie die Sprachausgabe der App und lassen Sie die Turtle sagen, wie was gezeichnet wird.

Verschiedene Aufgaben stellen

Integrieren Sie nun Übungen, um bekannte Rechenübungen zu wiederholen. Geben Sie den Schülerinnen und Schülern, die fit im Rechnen sind, auch gezielt ein paar Knobelaufgaben. Sie werden überrascht sein, wie viel die Schülerinnen und Schüler bereits können.

Galerien ausstellen

Drucken Sie die entstandenen Bilder der Kinder aus und hängen sie diese im Klassenraum aus. Machen Sie keinen Unterschied zwischen den Leistungsständen und präsentieren Sie die einfachen sowie die komplexen Muster. Sie sind Inspiration für alle.

Material

Hier finden Sie alle Materialien in der Übersicht, die Sie in dieser Stunde zur Durchführung benötigen.

Karten 4 | A, 4 | B und 4 | C

Die Karten 4 | A und 4 | B veranschaulichen, dass das Programm rechnen kann, dienen aber auch der Festigung des bereits erlernten Wissens.

Portfolio

Als Ergänzung der Unterrichtseinheit dienen die Aufgaben 4 | A bis 4 | D des Portfolios. Diese enthalten Denkanstöße und für die Schülerinnen und Schüler die Möglichkeit, ihre Aufgaben zu planen und festzuhalten.

Interaktives Turtle-Buch Kapitel 4

https://fb.tipp.fm/3243_Kap4.htm

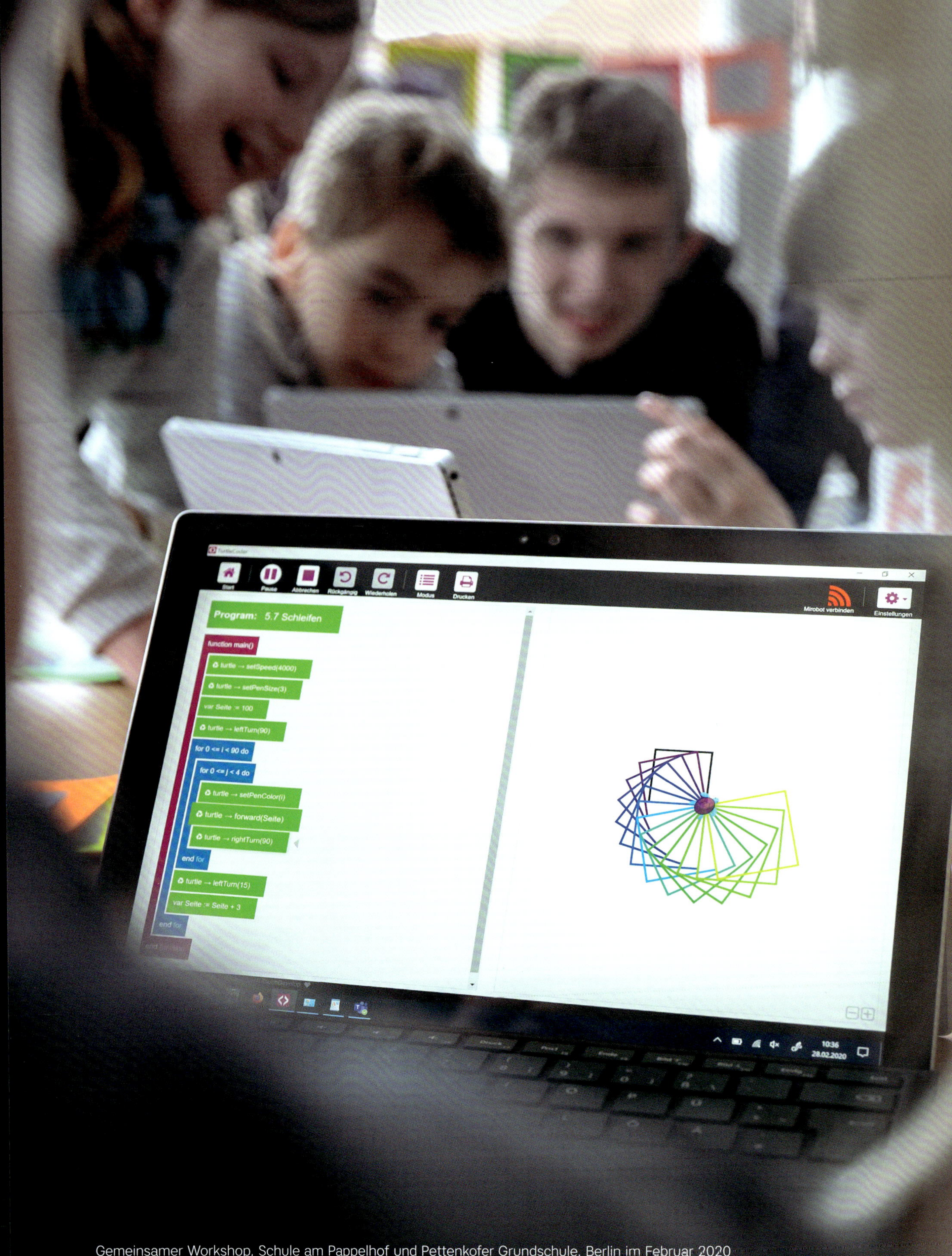

Gemeinsamer Workshop, Schule am Pappelhof und Pettenkofer Grundschule, Berlin im Februar 2020

Unterrichtseinheit

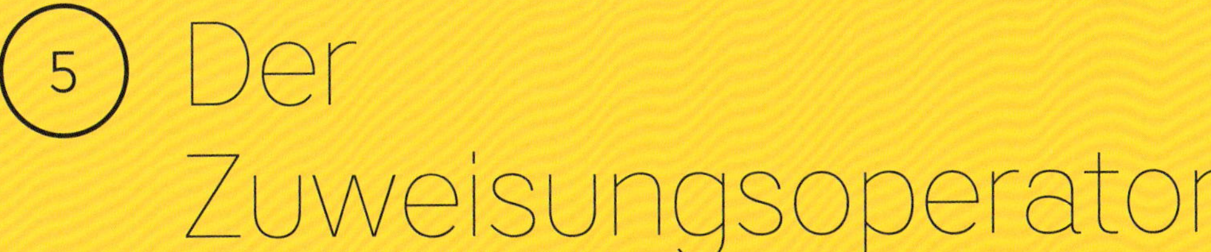

5 Der Zuweisungsoperator

Einführung: Zuweisungsoperator

„Wow, die Turtle kann ja richtige Kunstwerke malen!“ Die Schülerinnen und Schüler zaubern die schönsten Blütenkreationen, Spiralen und Muster.

Mit der fünften Unterrichtseinheit steigen die Schülerinnen und Schüler tiefer in das Programmieren ein. Hauptaugenmerk und Lernziel ist es, Zuweisungsoperatoren kennenzulernen und die Bedeutung dahinter sowie Anwendungsmöglichkeiten zu verstehen.

Für die Aufgabenstellung in diesem Curriculum ist es notwendig, dass sich die von den Schülerinnen und Schülern eingesetzten Variablen dynamisch verändern.

Heraus kommen am Ende vielfältige Kreationen von Spiralen und Blüten, die den ahnungslosen Betrachter in Staunen versetzen.

Lernergebnisse

Die Schülerinnen und Schüler

- ✔ können Blüten programmieren.
- ✔ können Spiralen programmieren.
- ✔ verstehen und verwenden den Zuweisungsoperator „:=“.

Unterrichtsverlauf

Phase 1: Stundeneinstieg

Tragen Sie gemeinsam mit den Schülerinnen und Schülern die Aufgaben und Lösungen zu den komplizierten Mäandern zusammen. Reflektieren Sie noch einmal, warum die Turtle schlau ist und was sie deshalb machen kann. Zeichnen Sie gegebenenfalls den Mäander an die Tafel und gehen Sie die jeweiligen Rechenvorgänge mit den Schülerinnen und Schülern durch. Kündigen Sie den Schülerinnen und Schülern an, dass Sie heute mit einem ganz einfachen Rechenvorgang weitermachen werden: dem Addieren. Ergebnisse werden wunderbare Blütenmuster sein.

Online-Akademie

Blumen

http://fb.tipp.fm/3229_Blumen.htm

Phase 2: Arbeitsphase | Blüten und Spiralen

2.1 Die Schleife in der Schleife

Beginnen Sie langsam und starten Sie mit einer recht einfachen Aufgabe. Zeichnen Sie folgendes Tafelbild an und stellen Sie die Aufgabe, das Tafelbild von der Turtle zeichnen zu lassen.

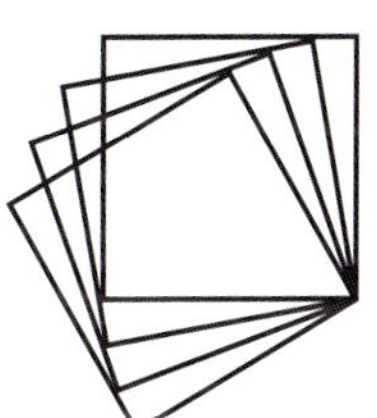

Karte 5 | A — Aufgabe

Portfolio 5 | A — Differenzierung

Geben Sie den Schülerinnen und Schülern Zeit, sich selbst eine Lösung zu überlegen, unterstützen Sie nach und nach mit individuellen Hilfestellungen. Überprüfen Sie im Plenum, welche Lösungswege die Schülerinnen und Schüler gefunden haben. Wer mit der Aufgabe schon fertig ist, kann als Nächstes versuchen, den Kreis der Quadrate zu schließen, sodass sich die Turtle am Ende einmal ganz herum gedreht hat.

Karte 5 | A — Zusatzaufgabe

Lassen Sie die Schülerinnen und Schüler nun ein wenig in den Gradzahlen variieren, sodass wunderschöne Blüten entstehen. Regen Sie die Schülerinnen und Schüler an, auch einmal andere Grundformen auszuprobieren.

Nehmen Sie sich für diesen Abschnitt genug Zeit, damit die Schülerrinnen und Schüler von einem Wow-Effekt zum anderen kommen.

Zusatzaufgabe

Karte 5 | A

2.2 Der Zuweisungsoperator

Online-Akademie

Spiralen

http://fb.tipp.fm/3231_Spiralen.htm

Zeichnen Sie folgende aufwärtsdrehende Spirale neben die Ausgangszeichnung an die Tafel. Fragen Sie die Schülerinnen und Schüler, was die beiden Formen unterscheidet. Nun sollen die Schülerinnen und Schüler die Spirale programmieren.

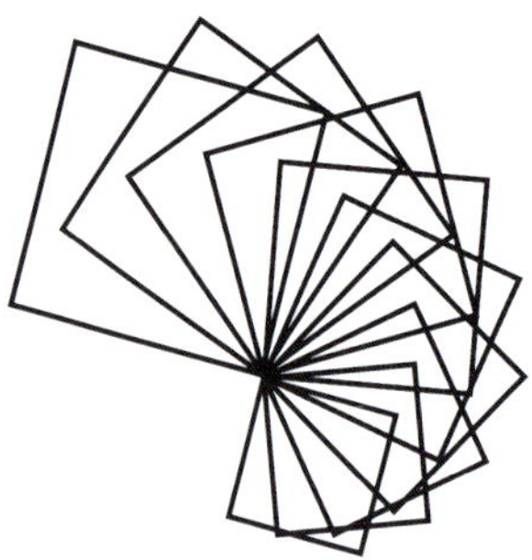

Aufgabe

Karte 5 | B

Dokumentation

Portfolio 5 | B

Geben Sie den Schülerinnen und Schüler nun erst einmal die Möglichkeit, zu experimentieren und von selbst auf die Lösung zu kommen. Besprechen Sie danach gemeinsam die grundlegende Problematik. Wahrscheinlich werden die Schülerinnen und Schüler einige Lösungswege ausprobiert haben. Sammeln Sie diese und reflektieren Sie mit den Schülerinnen und Schülern, über welche(n) Weg(e) man zu dem Ergebnis der Spirale kommt.

Übung

Offline-Coding

Als Erstes darf eine Freiwillige oder ein Freiwilliger nach vorn kommen, zum Beispiel Sarah. Sarah bekommt mehrere Klebezettel in die Hand, auf denen jeweils 110, 120, 130, 140 und so weiter steht. Sarah wird nun die zentrale Rolle für das Größerwerden der Quadrate spielen. Bitten Sie für diese Übung auch wieder Nele als Variable und Marie als Turtle nach vorn. Nele bekommt als Variable einen Klebezettel mit der Zahl 100 in die Hand. Der Klebezettel symbolisiert in dieser Übung immer den aktuellen Wert der Variable. Zudem benötigen Sie für die Übung noch einen Rechenexperten beziehungsweise eine -expertin, in unserem Beispiel Jamie.

Workshop, Pettenkofer Grundschule, Berlin im Februar 2020.

Nun startet die Übung. Nele hält den Klebezettel mit der 100 hoch, flüstert die Zahl und Marie zeichnet ein Quadrat mit einer Seitenlänge 100 an die Tafel. Nun wollen wir ein Quadrat, das um 10 größer ist. Hier kommen Jamie und Sarah ins Spiel. Jamie stellt sich zwischen Nele und Marie und rechnet laut vor 100 + 10 = 110 .

Nun muss dieser neue Wert 110 wieder an die Variable Nele weitergegeben werden. Jetzt ist Sarah mit den vielen Klebezetteln dran. Sie nimmt den Klebezettel mit der 110 und klebt ihn auf die 100 in Neles Hand. Nele hält ihren neuen Wert 110 hoch, flüstert ihn und Marie zeichnet als Turtle das Quadrat mit einer Seitenlänge 110. Sofort rechnet Jamie wieder laut 10 dazu: 110 + 10 = 120. Sarah sucht den passenden Klebezettel mit der 120 und klebt ihn auf Neles alten Zettel. Schon wieder hat Nele als Variable einen neuen Wert bekommen, flüstert ihn und Marie zeichnet und so weiter. Halten Sie fest, dass Sie für die Spirale folgende Inhalte brauchen: eine Variable, einen Rechenvorgang und den „Klebezettel".

Nach dieser Übung lenken Sie den Blick der Schülerinnen und Schüler auf das Zeichen „:=" in dem Variablen-Befehl. Erläutern Sie, dass es sich hier nicht um das Gleichheitszeichen der Mathematik handelt, sondern dass dies ein Zuweisungsoperator ist, der den Wert einer Variable bestimmt. Genauso wie im Offline-Beispiel bleibt Nele im Skript die Variable „laenge", verändert sich aber durch Jamie, den Rechenvorgang und bekommt durch den Sarah-Klebezettel einen neuen Wert zugewiesen. Sarah ist also der Zuweisungsoperator.

Übertragen Sie die Offline-Übung von der Tafel in den Code und geben Sie den richtigen Befehl als neue Zeile ein. Zeigen Sie den Schülerinnen und Schülern, wo sich Nele, Sarah und Jamie in der neuen Zeile wiederfinden:

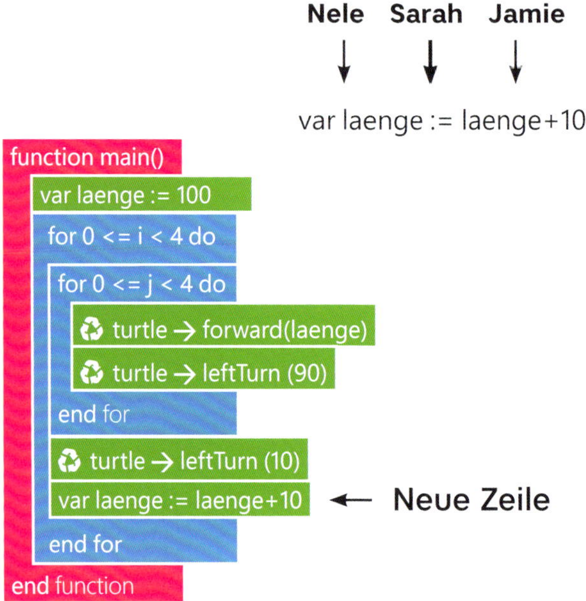

Hinweis: *Wir „mogeln“ in dieser Übung ein wenig und wir geben vor, dass Marie als Turtle ein Quadrat malen kann, ohne die einzelnen Schritte mit der Bruno-Schleife angesagt zu bekommen.*

Phase 3: Freiarbeit | Die aufwärtsdrehende Spirale

Haben die Schülerinnen und Schüler dies erfolgreich geschafft, können sie ausprobieren, was passiert, wenn man Werte ändert, Gradzahlen erhöht, andere Rechenvorgänge einbaut und so weiter. Lassen Sie die Schülerinnen und Schüler ein wenig experimentieren.

Je nachdem, ob die Schülerinnen und Schüler noch eine Übungsphase benötigen oder schon weitere Aufgaben wollen, können Sie hier noch zusätzliche Aufgaben einfügen, zum Beispiel einen Kreis in Spiralform oder ein 6-Eck als Spirale. Alternativ können Sie diese Übungsphase auch an den Anfang der nächsten Stunde setzen.

Zusatzaufgabe	Karte 5 | B
Dokumentation	Portfolio 5 | B

Assistive Technologien

Der TurtleCoder verfügt über verschiedene Assistenzsysteme wie Tastensteuerung, Sprachausgabe oder die Steuerung über externe Eingabegeräte.

Netzwerkkonferenz CODE{affair}, Microsoft, Berlin im Dezember 2019

Übersicht: Der Zuweisungsoperator

<table>
<tr><th>Zeit</th><th>Phase</th><th>Inhalt</th><th>Aufgabe | Hilfe</th><th>Sozialform</th><th>Medien</th></tr>
<tr><td>10‘</td><td>Stundeneinstieg</td><td>1. Wiederholung
Wiederholung des Programmierprinzips Variablen</td><td></td><td>UG</td><td></td></tr>
<tr><td>60‘</td><td>Arbeitsphase</td><td>2. Blütenkreationen
2.1 Die Schleife in der Schleife
2.2 Der Zuweisungsoperator</td><td>Karte 5 | A; Portfolio 5 | A
Z: Karte 5 | A
Karte 5 | B; Portfolio 5 | B</td><td>UG / PA</td><td>Tafel, 1 PC/Tablet je Team, TurtleCoder</td></tr>
<tr><td>15‘</td><td>Freiarbeit</td><td>3. Die auswärtsdrehende Spirale
Freies Üben unter Verwendung von Spiralen und Variablen</td><td>Z: Karte 5 | B, Portfolio 5 | C</td><td>UG / PA</td><td>Tafel, 1 PC/Tablet je Team, TurtleCoder</td></tr>
</table>

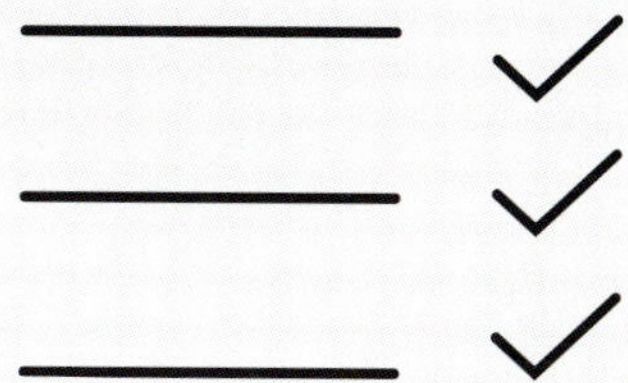

Inklusiv lernen

Wow-Effekte

Lassen Sie den Schülerinnen und Schülern genügend Zeit zum Staunen. Sie werden verschiedene Blüten und Muster ausprobieren wollen, weil sie dazu nun in der Lage sind.

Beziehen Sie Schülerinnen und Schüler ein!

Inzwischen haben Sie schon sechs Schülerinnen und Schüler vor der Klasse stehen, wenn Sie ein neues Szenario simulieren. Achten Sie darauf, dass Sie niemanden übersehen, der gern dabei wäre.

Übungen zulassen!

Schauen Sie sich Ihre Klasse genau an und bewerten Sie, ob Ihre Schülerinnen und Schüler weitere Übungsphasen benötigen oder in eine freie Experimentierphase gehen können. Teilen Sie gegebenenfalls die Klasse in zwei Gruppen.

Material

Hier finden Sie alle Materialien in der Übersicht, die Sie in dieser Stunde zur Durchführung benötigen.

Karten 5 | A und 5 | B

Mithilfe der Karten erlernen die Schülerinnen und Schüler, die Transformation vom Quadrat zur Spirale, mit der man auch Blütenmuster zeichnen kann.

Portfolio

Das Portfolio mit den Aufgaben 5 | A bis 5 | C ergänzt die Unterrichtseinheit 5. Es hilft den Schülerinnen und Schülern ihr Arbeitsergebnis zu dokumentieren und hält Denkanstöße bereit.

Interaktives Turtle-Buch Kapitel 5

https://fb.tipp.fm/3244_Kap5.htm

Workshop, Pettenkofer Grundschule, Berlin im Februar 2020

Unterrichtseinheit

6 Unterprogramme

Einführung: Unterprogramme

„Moment, ich bin noch nicht fertig!" Mittlerweile haben die Schülerinnen und Schüler so viel gelernt, dass sie gar nicht mehr aufhören wollen.

Mit der sechsten Unterrichtseinheit lernen die Schülerinnen und Schüler, wie man ein Problem in Teilprobleme zerlegt. Hauptaugenmerk und Lernziel ist es, ein Programm in Unterprogramme aufzugliedern und dadurch neue Methoden für die Turtle zu schreiben.

Ausgehend von einer scheinbar unlösbaren Aufgabe, dem Programmieren einer Blume, nähern sich die Schülerinnen und Schüler Schritt für Schritt der Lösung.

Lernergebnisse

Die Schülerinnen und Schüler

- ✔ können mithilfe der Turtle Kreise und Teile von Kreisen zeichnen.
- ✔ verstehen wie Unterprogramme funktionieren.
- ✔ können Unterprogramme anwenden.
- ✔ nutzen Variablen in Unterprogrammen.

Unterrichtsverlauf

Phase 1: Stundeneinstieg

Stellen Sie auch zu Beginn dieser Stunde eine kleine Wiederholung voran und greifen Sie das Thema der letzten Stunde auf. Sprechen Sie mit den Schülerinnen und Schülern darüber, warum sie beim Programmieren der Blüten in der letzten Stunde Schleifen ineinander geschachtelt haben. Wiederholen Sie auch, wie man die Quadrate nach jeder Ausführung vergrößert.

In einem nächsten Schritt haben die Schülerinnen und Schüler das Quadrat nach jeder Drehung ein Stück vergrößert. Rufen Sie in Erinnerung, dass sie dies erreicht haben, indem sie die Variable für die Länge der n-Ecke nach jeder Drehung um einen konstanten Wert erhöht haben.

Hinweis: *Lassen Sie die Schülerinnen und Schüler an dieser Stelle die Spirale gerne noch einmal durchführen. Besteht noch Übungsbedarf bei den Schülerinnen und Schülern, nehmen Sie sich Zeit und lassen Sie sie mit weiteren Grundformen experimentieren, zum Beispiel mit einem Kreis oder einem Dreieck als Grundform.*

Phase 2: Arbeitsphase | Unterprogramme

2.1 Vorbereitung 1: Die echte Blume

Wir starten diese Einheit mit einem Offline-Einstieg. Bringen Sie den Schülerinnen und Schülern verschiedene Blumen mit, idealerweise mit Blütenblättern, einem Stiel und Blättern an der Seite. Besprechen Sie mit den Schülerinnen und Schülern, aus welchen Bestandteilen die Blumen bestehen.

Die Schülerinnen und Schüler dürfen nun die Blumen vorsichtig auseinandernehmen, das heißt, sie trennen die Blüten und die Blätter vom Stiel ab. Lassen sie die Schülerinnen und Schüler die Bestandteile der Blumen nun nach Belieben neu kombinieren.

Hinweis: *Gerne können die Schülerinnen und Schüler die Blumen auch trocknen und pressen, um später aus den Blumenbestandteilen analoge Blumengärten zu kleben.*

2.2 Vorbereitung 2: Die Turtle-Blume

Sprechen Sie mit den Schülerinnen und Schülern darüber, wie man eine Blume programmieren könnte. Vielleicht fallen ihnen bereits Grundformen ein, aus denen man eine Blume zusammenstellen könnte.

Zeichnen Sie die folgende Blume an die Tafel. Richten Sie den Fokus der Schülerinnen und Schüler zuerst auf die Blüte. Zeichnen Sie die obere Seite des ersten Blütenblatts rot nach.

Online-Akademie

Blumen

http://fb.tipp.fm/3229_Blumen.htm

Fragen Sie die Klasse, welche Form dieser Bestandteil hat (Antwort: Viertelkreis).

Ergänzen Sie die Diskussion bei Bedarf unterstützend mit einer Skizze. Zeichnen Sie ein Koordinatensystem an die Tafel und fügen Sie einen Kreis ein, aber lassen Sie auch hier vorerst die farbigen Markierungen weg.

Fragen Sie die Schülerinnen und Schüler nun, ob Sie in dem Bild die rote Linie aus der Blume wiederfinden. Bitten Sie eine Schülerin oder einen Schüler nach vorn und lassen Sie die rote und die grüne Linie an der Skizze einzeichnen. Jetzt sollte klar werden, dass das Blütenblatt aus zwei Viertelkreisen besteht, die nacheinander gezeichnet werden. Dazwischen führt die Turtle aber eine zusätzliche Drehung um 90 Grad aus. Die 90-Grad-Drehung steht stellvertretend für den ausgelassenen Viertelkreis. Zeichnen Sie nacheinander die vier Viertelkreise an.

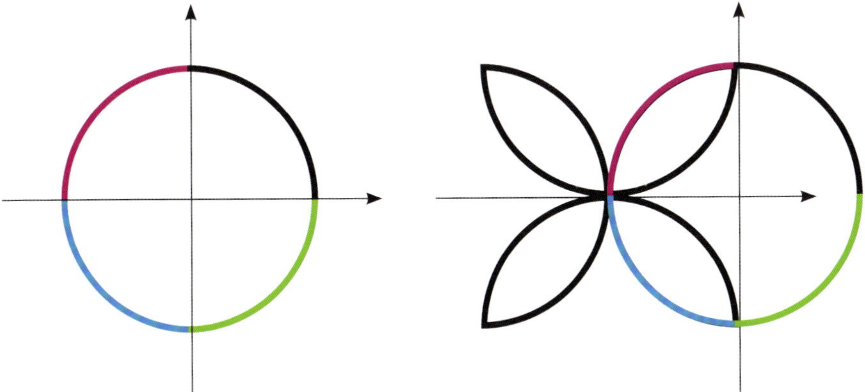

Überlegen Sie mit den Schülerinnen und Schülern gemeinsam, wie man statt eines Kreises nur einen Viertelkreis programmiert. Ein guter Start für die Überlegung ist, erst einmal einen Kreis (360-Eck) zu programmieren.

Karte 6 | A — Aufgabe

Portfolio 6 | A — Differenzierung

Nun soll die Turtle nicht den gesamten Kreis ablaufen, sondern nur bis zu einem Viertel. Rechnerisch bedeutet dies 360 : 4 = 90. Zwei Viertelkreise mit einer 90-Grad-Drehung ergeben dann das Blütenblatt.

Karte 6 | A — Aufgabe

2.3 Unterprogramme erstellen

Ebenso wie die echte Blume können wir auch unsere Turtle-Blume in einzelne Bausteine zerlegen und beliebig neu zusammensetzen. Dazu schreiben wir im TurtleCoder Unterprogramme und können der Turtle sogar neue Worte beibringen. So erweitern wir den Wortschatz der Turtle. Unser erstes Ziel wird sein, dass die Turtle ein Blatt zeichnet, wenn wir sagen: Turtle -> myBlatt

Gehen Sie mit den Schülerinnen und Schülern folgenden Prozess durch: Zum Erstellen eines Unterprogramms klickt man auf die pink hinterlegte „function main()". Nun bekommt man zwei Optionen angezeigt. Wir arbeiten im Folgenden mit der Option „Ein neues Wort", da wir der Turtle neue Worte beibringen möchten. Nun können die Schülerinnen und

Schüler den bereits erstellten Code für das Blatt in das neue dunkelgrüne Unterprogramm ziehen, dorthin wo momentan noch „do nothing" steht. Sobald dies geschehen ist, beherrscht die Turtle ein neues Wort. Um das Blatt nun von der Turtle zeichnen zu lassen, braucht es in der Hauptfunktion (function main) nur noch den Befehl: Turtle -> myBlatt

Hinweis: *Weisen Sie die Schülerinnen und Schüler darauf hin, dass die Turtle beliebige Wörter lernen kann. Daher können sie neue Wörter immer mit „my" und einem neuen Wort bilden. Das „my" stellt lediglich sicher, dass keine Wörter aus dem originären Wortschatz der Turtle verwendet werden.*

Aufgabe	Karte 6 | B
Differenzierung	Portfolio 6 | B

2.4 Verschiedene Unterprogramme kombinieren

Unser nächstes Ziel ist es, dass die Turtle eine Blüte malt, wenn wir sagen Turtle -> myBluete. Lassen Sie die Schülerinnen und Schüler die einzelnen Blätter zu einer Blüte zusammensetzen. Hier nutzen sie das bereits erlernte Wort myBlatt und erstellen ein weiteres Unterprogramm.

Unser letztes Ziel ist es nun, dass die Turtle die gesamte Blume mit Stiel malt, wenn sie den Befehl Turtle -> myBlume erhält. Auch hier werden die bereits erstellten Wörter verwendet.

Aufgabe	Karte 6 | C und Portfolio 6 | C

Sobald die Blüte fertig ist, geht es weiter und die Schülerinnen und Schüler können beginnen eine vollständige Blume zu programmieren. Lassen Sie die Schülerinnen und Schüler an dieser Stelle gerne noch ein wenig mit der Blume experimentieren. Eventuell wollen sie einmal eine Blüte mit mehreren Blütenblättern ausprobieren, oder die Größe der Blume ändern.

2.5 Variablen in Unterprogrammen

Abschließend wollen wir die Blumen noch in unterschiedlichen Größen erstellen. Dazu schauen Sie sich mit den Schülerinnen und Schülern die Struktur der Unterprogramme noch einmal an. Hinter der Eingabe des neuen Wortes gibt es noch die Möglichkeit, einen Parameter einzugeben. Um unsere Blume in der Größe variieren zu können, nehmen wir hier eine Variable, die wir „groesse" nennen. Nun müssen wir nur noch an den entscheidenden Stellen im Code (forward) die Zahlen mit der Variable

Gemeinsamer Workshop, Schule am Pappelhof und Pettenkofer Grundschule, Berlin im Februar 2020

austauschen und ganz wichtig: die Variable zu Beginn in unserer Hauptfunktion definieren.

turtle→learnWord→myBlume(Groesse)

Phase 3: Freiarbeit | Unterprogramme

Als Abschluss dieser Unterrichtseinheit können Sie die Schülerinnen und Schüler Blumengärten programmieren lassen.

Karte 6 | C und Portfolio 6 | C

Zusatzaufgabe

Übersicht: Unterprogramme

Zeit	Phase	Inhalt	Aufgabe | Hilfe	Sozialform	Medien
15′	**Stundeneinstieg**	**1. Wiederholung** Wiederholung der Inhalte der letzten Unterrichtseinheit		UG	
60′	**Arbeitsphase**	**2. Zerlegen in Unterprogramme** 2.1 Vorbereitung 1: Die echte Blume 2.2 Vorbereitung 2: Die Turtle-Blume 2.3 Unterprogramme erstellen 2.4 Verschiedene Unterprogramme kombinieren 2.5 Variablen in Unterprogrammen	 Karte 6 | A Karte 6 | A; Portfolio 6 | A Karte 6 | B; Portfolio 6 | B	UG / PA	Tafel, 1 PC/Tablet je Team, TurtleCoder
20′	**Freiarbeit**	**3. Anwendung von Unterprogrammen** Freies Üben und Erstellen von Unterprogrammen	 Z: Karte 6 | C; Portfolio 6 | C	UG / PA	Tafel, 1 PC/Tablet je Team, TurtleCoder

Inklusiv lernen

Analogien finden

Auch im Alltag können die Schülerinnen und Schüler verschiedene Dinge finden, die man zerlegen und wieder zusammensetzen kann. Bringen Sie zum Beispiel Bausteine mit und bauen Sie Häuser aus verschiedenen Bauteilen zusammen.

Formen anpassen

Grundlage der Blüte ist der Viertelkreis. Sie können aber auch einfachere Formen als Blätter verwenden, wie zum Beispiel ein Dreieck oder eine selbst ausgedachte Form. So können Sie den Schwierigkeitsgrad der Aufgabe anpassen.

Möglichkeiten bieten

Lassen Sie Ihre Lerngruppe als Team einen gemeinsamen Garten programmieren aus verschiedenen einzelnen Elementen wie unterschiedlichen Blumen, Bäumen oder einem ganz einfachen Gartenzaun. So findet jeder passend zu seiner Lernstärke die richtige Herausforderung und Sie können am Ende alle Elemente zu einem Programm zusammenfügen.

Material

Hier finden Sie alle Materialien in der Übersicht, die Sie in dieser Stunde zur Durchführung benötigen.

Karten 6 | A, 6 | B und 6 | C

In dieser Stunde lernen die Schülerinnen und Schüler mithilfe der Karten das Zeichnen einer Blume und neue Wörter im TurtleCoder.

Portfolio

Die Portfolio Aufgaben 6 | A bis 6 | C bilden den Abschluss der Unterprogramme. Die Hilfeseite gibt noch einmal Denkanstöße, während alle Schülerinnen und Schüler nun auch ihre Blumenkreationen festhalten können.

Interaktives Turtle-Buch Kapitel 6

https://fb.tipp.fm/3245_Kap6.htm

Workshop, Pettenkofer Grundschule, Berlin im Februar 2020

Unterrichtseinheit

7 Bedingungen

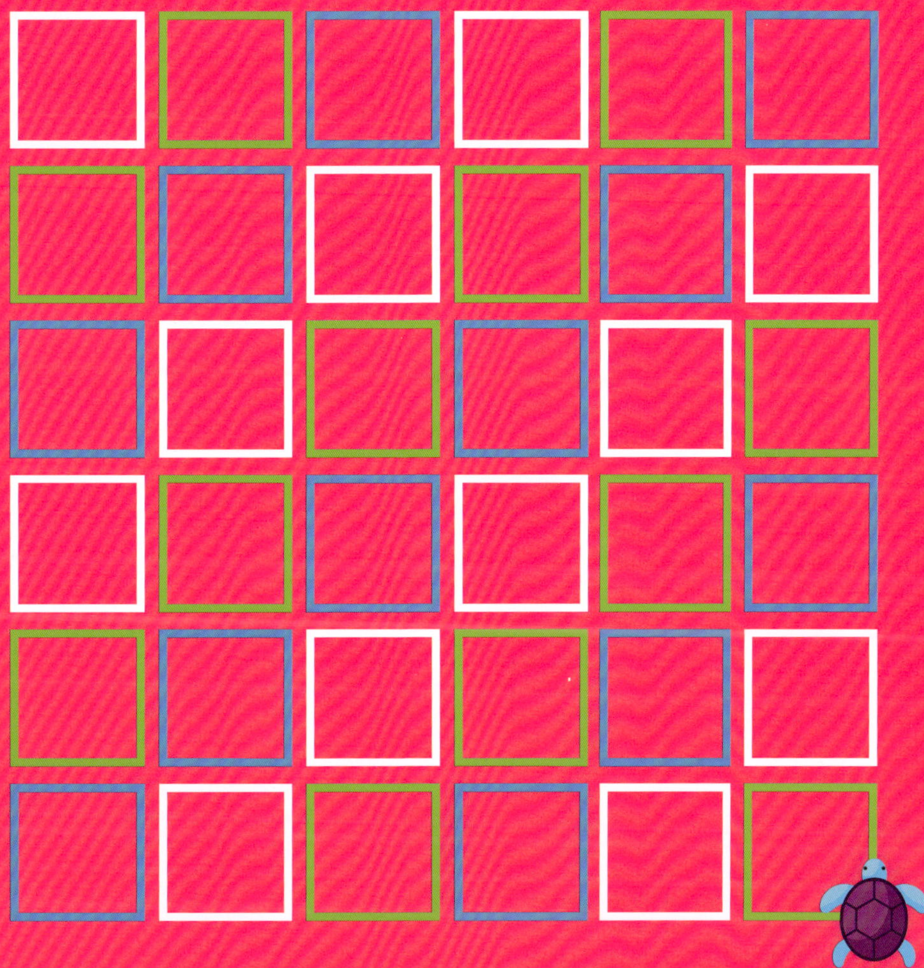

Einführung: Bedingungen

„Die Turtle kann ja sogar eigene Entscheidungen treffen!"
Die Schülerinnen und Schüler beherrschen nun alle wichtigen Befehle und können so richtig loslegen.

In der siebten und letzten Unterrichtseinheit lernen die Schülerinnen und Schüler die if-else-Bedingung kennen und verstehen. Zusätzlich erlernen sie den Umgang mit dem Modulo, der die Division mit Rest darstellt.

Ziel ist es, den Schülerinnen und Schülern zu verdeutlichen, dass die if-else-Bedingung eine Wenn-dann-Funktion ist, und dass sie in Kombination mit Modulo die Möglichkeit haben unterschiedlichste Verzweigungen zu erstellen.

Lernergebnisse

Die Schülerinnen und Schüler

- ✔ können die if-else-Bestimmung anwenden.
- ✔ verstehen, dass der Modulo die Division mit Rest ist.
- ✔ nutzen den Modulo, um sich wiederholende Abfolgen zu generieren.
- ✔ können die if-else Bestimmung und den Modulo miteinander verbinden.

Unterrichtsverlauf

Phase 1: Stundeneinstieg

Lassen Sie die Schülerinnen und Schüler die letzte Stunde Revue passieren. Gerne können sie wieder ihre Blumengärten öffnen, in denen sich mittlerweile viele schöne Blumen befinden sollten. Reflektieren Sie, wie die Turtle neue Wörter lernt und dass neue Wörter wichtig sind, um den Code zu strukturieren. Rufen Sie außerdem ins Gedächtnis, dass die Turtle neue Worte auch auf Deutsch lernen kann und so zum Beispiel „myBlatt“ oder „myBlume“ entstehen kann. Gerne können die Schülerinnen und Schüler aber auch englische Begriffe verwenden.

Phase 2: Arbeitsphase | Unterprogramme

2.1 Vorbereitung 1: Division mit Rest

Beginnen Sie die Stunde mit einer Geschichte. Erzählen Sie den Schülerinnen und Schülern, dass die Turtle Sie um Hilfe bei einer Rechenaufgabe gebeten hat. Es geht um die Division mit Rest, welche die Turtle gerne lernen würde. Lassen Sie sich von den Schülerinnen und Schülern kurz erklären, wie die Division mit Rest funktioniert, und gehen Sie dann weiter.

Schreiben Sie folgende Tabelle an die Tafel und bitten Sie die Schülerinnen und Schüler, bei der Lösung des Problems zu helfen. Sie wollen Zahlen durch 2 teilen und dabei den Rest ermitteln. Danach können Sie das Gleiche auch mit der Division durch 3 ausprobieren.

Zahl	: 2	Rest	: 3	Rest
0	0	0	0	0
1	0	1	0	1
2	1	0	0	2
3	1	1	1	0
4	2	0	1	1
5	2	1	1	2
6	3	0	2	0
7	3	1	2	1
8	4	0	2	2
9	4	1	3	0

Lassen Sie die Schülerinnen und Schülern selbst die entstandene Regelmäßigkeit in der Tabelle, nämlich dass der Rest wiederholende Zahlenfolgen bildet, erkennen.

Fragen Sie die Schülerinnen und Schüler, ob ihnen etwas an der Tabelle auffällt. Markieren Sie daraufhin die Spalte „Rest" bei der Division durch 2 und 3 wie abgebildet und bedanken Sie sich im Namen der Turtle bei den Schülerinnen und Schülern für die Hilfe. Lassen Sie die Tabelle unbedingt an der Tafel stehen.

Hinweis: *Achten Sie darauf, dass Sie in der Tabelle und auch für die Quadrate im späteren Stundenverlauf die gleichen Farben verwenden. Nur so ist es den Schülerinnen und Schülern möglich, die Zahlen und Farben miteinander in Verbindung zu bringen.*

Beim TurtleCoder erfolgt die Division mit Rest durch den Modulo. Dieser hat wieder eine bestimmte Form und sieht im TurtleCoder wie folgt aus:

```
var myRest := mod (i,3)
```

Der Modulo wird immer durch eine Variable ausgedrückt. Wir nennen sie hier myRest. Die Variable i wird zu einem späteren Zeitpunkt genauer erklärt und die Zahl hinter dem Komma, hier 3, ist immer die Zahl durch die geteilt wird (i : 3).

2.2 Wiederholung der Schleife

Leiten Sie das Gespräch nun wieder zurück zum TurtleCoder. Geben Sie den Schülerinnen und Schülern die Aufgabe, eine gestrichelte Linie zu zeichnen. Dabei sollen sich zwei Farben abwechseln, zum Beispiel blau und rot.

Aufgabe

Karte 7 | A

Die Schülerinnen und Schüler werden schnell auf die Idee kommen, eine Schleife zu programmieren, um das Problem zu lösen.

Nun sollen sie von der gestrichelten Linie ausgehend eine Abfolge von Quadraten malen. Zeichnen Sie diese zunächst an die Tafel, damit die Schülerinnen und Schüler das Bild vor Augen haben. Auch hier sollen die Schülerinnen und Schüler wieder zwei Farben abwechselnd verwenden und zwischen den Quadraten etwas Platz lassen.

Fordern Sie die Schülerinnen und Schüler auch hier wieder auf, die Farben zu erweitern. Nun werden sie merken, dass es sehr anstrengend werden kann, die Farben ständig auszutauschen und zu erweitern, da immer neue Schleifen hinzukommen. Es werden bestimmt Fragen kommen, ob man nicht einfach den Quadraten Farben zuweisen kann.

Lenken Sie die Aufmerksamkeit der Schülerinnen und Schüler an dieser Stelle zur Tabelle an der Tafel. Fragen Sie, welche Gemeinsamkeit zwischen der Tabelle und den Quadraten besteht. Die Schülerinnen und Schüler werden schnell auf die Antwort kommen, dass die Zahlenfolgen die gleiche Reihenfolge haben wie die Quadrate. Schreiben Sie die Zahlen in die Quadrate. Achten Sie dabei wieder auf die richtige Farbgebung wie in der Tabelle.

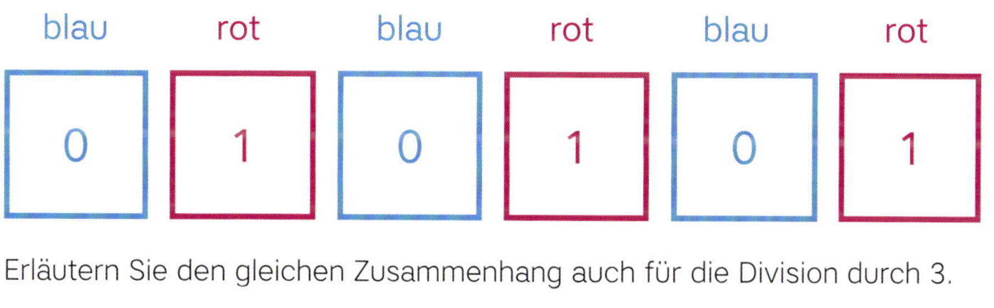

Erläutern Sie den gleichen Zusammenhang auch für die Division durch 3.

Verdeutlichen Sie für die Schülerinnen und Schüler den Zusammenhang zwischen den Zahlen und Farben. Fragen Sie zum Beispiel, was passiert, wenn durch 4 dividiert wird. Die Schülerinnen und Schüler werden erkennen, dass sie dann noch eine vierte Farbe mit der zugehörigen Zahl 3 benötigen.

2.3 if-else-Bedingungen

Kommen Sie zurück zum ursprünglichen Problem, dass die Turtle den Quadraten keine Farben zuordnen kann. Stattdessen wollen wir mit Zahlen arbeiten. Fragen Sie, wie die Zuordnung der Farben mithilfe der Zahlen erfolgen kann. Die Lernenden sollen verstehen, dass durch die Division mit Rest den Quadraten Zahlen zugeordnet werden können, es muss nur eine Entscheidung getroffen werden. Schreiben Sie Folgendes an die Tafel:

Wenn der Rest **0** ist, dann wird das Quadrat **blau**.
Sonst, also wenn der Rest **nicht 0** ist, wird das Quadrat **rot**.

Übersetzen Sie die Begriffe „wenn" und „sonst" ins Englische zu „if" und „else". Dazwischen, also wenn es eine dritte Bedingung gibt, kann eine weitere Bedingung des „else if" stehen.

Übung

Offline-Coding: Schreiben Sie die Zahlen 0, 1 und 2 je auf einen Zettel. Halten Sie anschließend die Zahlen hoch. Die Schülerinnen und Schüler sollen, wie in der Übung zuvor, wenn Sie die 0 zeigen, ein blaues, bei 1 ein rotes und sonst ein grünes Quadrat malen.

Erklären Sie diesen Zusammenhang an der Tafel oder rufen Sie den entsprechenden Programmcode für alle sichtbar am Computer auf. Gehen Sie die Schritte durch.

Das Zeichen == ist der Gleichheitsoperator. Er bedeutet, dass etwas genau einem bestimmten Wert entspricht. In diesem Fall zum Beispiel myRest == 0, der Rest beträgt also genau 0.

Hinweis: *Das neue Wort myQuadrat muss von den Schülerinnen und Schülern angelegt worden sein, damit sie es auf diese Weise verwenden können. Es erspart viele Arbeitsschritte. Auch die Variable laenge muss vordefiniert sein, z.B. var laenge := 100.*

Fragen Sie die Schülerinnen und Schüler, wie sich das Tafelbild ändern müsste, wenn durch 4 dividiert wird. Natürlich wird durch 4 geteilt und es muss eine weitere „else if"-Bedingung hinzukommen.

Nachdem die Schülerinnen und Schüler dieses Konzept verstanden haben, können sie selbst den Code programmieren und sich ausprobieren.

Karte 7 | B & Portfolio 7 | B

Aufgabe

Phase 3: Freiarbeit | Unterprogramme anwenden

Als Abschluss der Reihe können die Schülerinnen und Schüler nun Schachbretter programmieren, es in ihrem Garten regnen oder die Sonne scheinen lassen. Ihren Ideen sind nun kaum noch Grenzen gesetzt.

Karte 7 | C

Aufgabe

Viel Spaß beim Programmieren mit der Turtle!

Übersicht: Bedingungen

Zeit	Phase	Inhalt	Aufgabe | Hilfe	Sozialform	Medien
15′	**Stundeneinstieg**	**1. Wiederholung** Wiederholung der Inhalte der letzten Unterrichtseinheit		UG	
60′	**Arbeitsphase**	**2. Zerlegen in Unterprogramme** 2.1 Vorbereitung: Division mit Rest 2.2 Wiederholung der Schleife 2.3 if-else-Bedingungen	 Karte 7 | A; Portfolio 7 | A Z: Karte 7 | A Karte 7 | B; Portfolio 7 | B	UG / PA	Tafel, 1 PC/Tablet je Team, TurtleCoder
20′	**Freiarbeit**	**3. Anwendung aller verfügbaren Befehle** Schachbrett und Blumengarten	 Karte 7 | C	UG / PA	Tafel, 1 PC/Tablet je Team, TurtleCoder

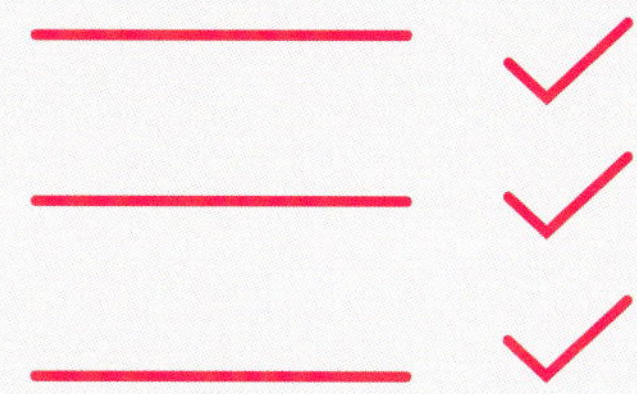

Inklusiv lernen

Differenzierung nach oben

Nicht alle Kinder werden alle Konzepte des Programmierens auch tatsächlich umsetzen können. In dieser Unterrichtseinheit ist die kognitive Anforderungsstufe höher und ist daher besonders für Lernende geeignet, die bereits alle anderen Programmierprinzipien gut verstanden haben und anwenden können.

Wie das Konzept der Bedingung funktioniert, können Sie auch analog anschaulich verdeutlichen. Ein Beispiel: Suchen Sie nach verschiedenen Aktionen, wie Klatschen, Pfeifen, Aufstehen oder Rufen, welche die Kinder gut ausführen können. Nehmen Sie sich verschiedene Stifte und malen Sie je nach Aktion einen Strich in einer anderen Farbe an die Tafel „Wenn Kinder klatschen, dann roter Strich; wenn Pfeifen, dann grüner Strich“ und so weiter.

Material

Hier finden Sie alle Materialien in der Übersicht, die Sie in dieser Stunde zur Durchführung benötigen.

Karten 7 | A und 7 | B

Für die letzte Stunde benötigen Sie die letzten beiden Karten. Mit ihrer Hilfe können Schülerinnen und Schüler nun auch die if-else-Bedingung und die Modulo-Operation anwenden.

Portfolio

Die Aufgaben 7 | A bis 7 | C bilden den Abschluss des Portfolios. Die letzte Hilfeseite gibt noch einmal Denkanstöße, während alle Schülerinnen und Schüler nun auch ihre Blumenkreationen festhalten können.

Interaktives Turtle-Buch Kapitel 7

https://fb.tipp.fm/3246_Kap7.htm

Gemeinsamer Workshop, Schule am Pappelhof und Pettenkofer Grundschule, Berlin im Februar 2020

Hintergründe

Die Hintergründe halten weiterführende Informationen zum Einsatz des TurtleCoders sowie zu Assistenzsystemen und Differenzierungsmöglichkeiten für das Programmieren in inklusiven Lernsettings bereit.

Programmieren mit dem TurtleCoder

Der TurtleCoder bietet die technische Grundlage für die Umsetzung der beschriebenen Unterrichtseinheiten. Die einfache Strukturierung und Handhabung sowie die farbige Unterlegung von Befehlen ermöglicht es den Schülerinnen und Schülern, auf niedrigschwellige und unkomplizierte Weise ins Programmieren einzusteigen.

App herunterladen

Der TurtleCoder kann sowohl online im Browser, als auch offline als App genutzt werden.

Webversion

http://fb.tipp.fm/3235_TurtleCoder_WebApp.htm

Download-App

http://fb.tipp.fm/3236_TurtleCoder_Download.htm

Starten des TurtleCoders

Beim Öffnen des TurtleCoders erscheint zunächst eine Startseite, auf der ein neues Script (Programm) erstellt werden kann. Hierzu wird ein beliebiger Name in das Feld *Script Name* eingetragen. Durch das Klicken auf das Pluszeichen wird das Script erstellt und man gelangt zur Programmierumgebung.

Die Programmoberfläche

Die nun sichtbare Oberfläche teilt sich in drei Bereiche:

1. in eine zentrale, horizontale Menüleiste,
2. in den Bereich links, in welchem der Code geschrieben wird
3. und in die Zeichenfläche der Turtle rechts.

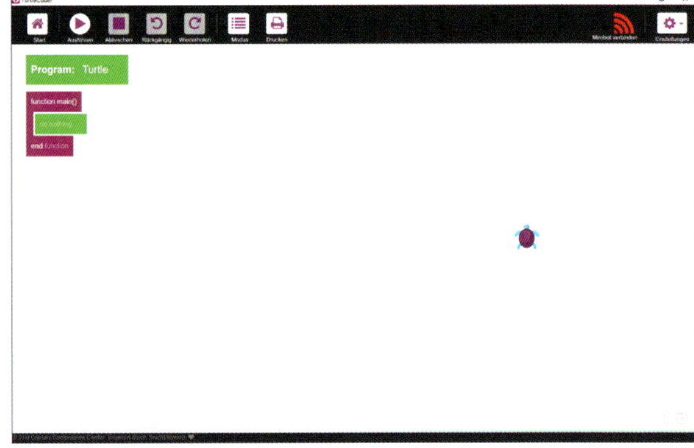

Die Menüleiste

Die Menüleiste enthält alle übergreifenden Funktionen zur Nutzung der Programmierumgebung inklusive der Einstellungen auf der rechten Seite:

Start	Führt zurück zum Home-Bereich. Hier können neue Scripte erstellt, umbenannt (Stift-Zeichen) oder gelöscht werden (Kreuz).
Ausführen, Abbrechen	Startet das Programm, pausiert oder bricht das Programm ab. Beim Pausieren bleibt das gezeichnete Bild stehen, beim Abbrechen wird die Zeichenfläche zurückgesetzt. Stoppt das Programm, wird die Zeichnung der Turtle gelöscht.
Rückgängig, Wiederholen	Löscht den letzten Schritt beziehungsweise stellt ihn wieder her.
Modus	Wechselt die Darstellung des Programmcodes.
Drucken	Druckt die Zeichenfläche oder speichert das Bild als pdf.
Einstellungen	Ermöglicht grundlegende Einstellungen im TurtleCoder, unter anderem das Ein- und Ausblenden der Turtle oder die Aktivierung der Assistenzsysteme.

Der Programmcode

Nach dem Erstellen eines neuen Scripts sind die grün unterlegten Programmzeilen noch leer. Um die ersten Befehle in die Liste aufzunehmen, klickt man auf das Feld *Do nothing*. Sofort öffnet sich eine Auswahlliste mit Code-Elementen. Mit der Auswahl des Befehls *turtle* öffnet sich die nächste Ebene der Auswahlliste mit Befehlen für die Turtle (*forward, back, leftTurn, rightTurn* usw.).

Wählen die Lernenden beispielsweise *turtle → forward(100)*, schreiben sie den Code, der die Turtle 100 Schritte nach vorn gehen und dabei einen Strich zeichnen lässt.

Eine Programmzeile ist erst komplett mit der Eingabe des Parameters, der in Klammern hinter den Befehl gesetzt wird.

Weitere Programmzeilen können durch die beiden Pluszeichen unter- beziehungsweise oberhalb der grünen Befehlszeile eingefügt werden.

Zum Ausführen des Programms nutzt man die entsprechende Taste aus der Menüleiste.

Neben den grundlegenden Befehlen der Schildkröte finden sich in den Auswahllisten auch alle anderen Code-Elemente wie Schleifen, Bedingungen, Kommentare, Variablen und vieles mehr.

Speichern des Programmcodes

Sowohl in der Offline- als auch in der Online-Version des TurtleCoders wird die letzte Fassung des eingegebenen Programmcodes automatisch gespeichert. Dabei erfolgt das Speichern bei der Offline-Version auf dem lokalen Endgerät und kann bei Nutzung des gleichen Geräts immer wieder verwendet werden. Bei der Online-Version werden die Programmbeispiele im Cache des jeweiligen Browsers gespeichert und bleiben bis zur Leerung des Caches ebenfalls erhalten.

Zur Übertragung oder dauerhaften Sicherung des Programmcodes außerhalb der Programmierumgebung kann in der Code-Ansicht das Programmlisting kopiert und in einer einfachen Textdatei abgespeichert werden.

Farben im TurtleCoder

Wenn die Turtle sich vorwärts oder rückwärts bewegt, zeichnet sie eine schwarze Linie. Die Farbe der Linie kann durch den Befehl *turtle → setPenColor* geändert werden. Dabei stehen 24 verschiedene Farben, in Anordnung der Farben des Regenbogens, zur Auswahl. Die Hauptfarben (black, purple, blue, green, yellow, orange, red, pink) können direkt über die Auswahlliste genutzt werden.

Um auch programmatisch auf der Basis von Parametern Farben wechseln zu können, wurde jeder Farbe eine Zahl zugeordnet. Sie geht von 0 = schwarz bis 23 = violett. Die Zuordnung der jeweiligen Farben zeigt das Spektrum beziehungsweise der Farbkreis.

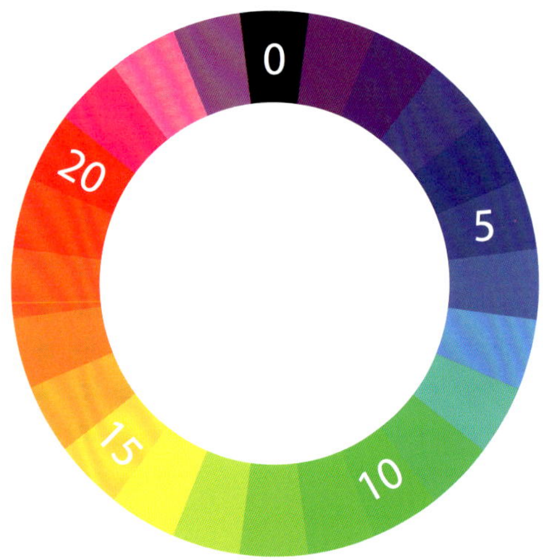

Geheimschrift

Die Geheimschrift ist eine reduzierte Form der Darstellung grundlegender Befehle der Turtle und ermöglicht den Lernenden, sich dem Programmcode auf einer zusätzlichen, vereinfachten Art und Weise zu nähern. So sind den Befehlen forward, back, rightTurn und leftTurn jeweils unterschiedliche Symbole in Form von Pfeilen zugeordnet.

Die Verwendung der Pfeile als bildliche Repräsentanz der Befehle ermöglicht es auch Kindern mit geringer Literalität oder großen Schwierigkeiten im Lernen, an den Übungen teilzuhaben und die richtigen Symbole den passenden Befehlen zuzuordnen.

Vor allem, wenn es darum geht, Strukturen im Programmcode zu erkennen oder einen Richtungswechsel in einem Muster zu verstehen, helfen die Symbole, den Erkenntnisprozess anzustoßen.

Darüber hinaus gibt das wiederholende Aufschreiben beziehungsweise das Anfassen, Verschieben und Neusortieren der Pfeilsymbole neue Impulse, um das bereits Erlernte zu festigen und das Verständnis in anderer Form zu fördern.

In der Geheimschrift gibt es Symbole, mit einem feststehenden Parameter, das heißt, die Zahl in der Klammer ist immer gleich und die Turtle dreht sich um 90 Grad oder läuft 100 Schritte.

turtle → forward(100)

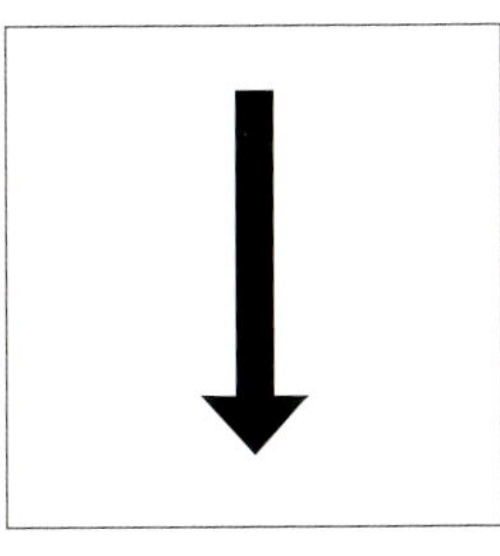

turtle → back(100)

turtle → rightTurn(90)

turtle → leftTurn(90)

Workshop, Pettenkofer Grundschule, Berlin im Februar 2020

Sollen die Parameter veränderbar sein, können folgende Symbole eingesetzt werden. Hier kann die benötigte Gradzahl oder die Schrittzahl einfach auf einen Klebezettel geschrieben und auf die Befehlskarte geklebt werden.

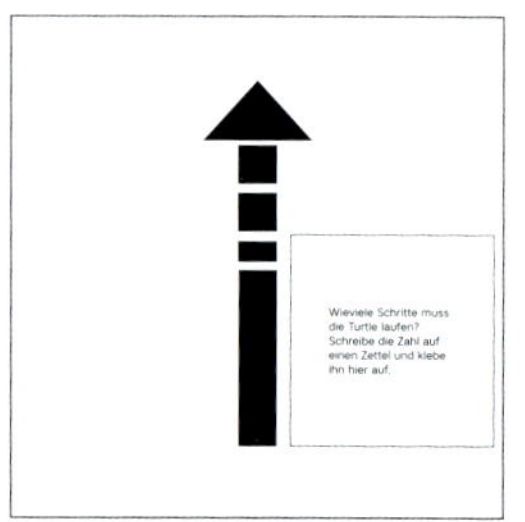

turtle → forward(...)

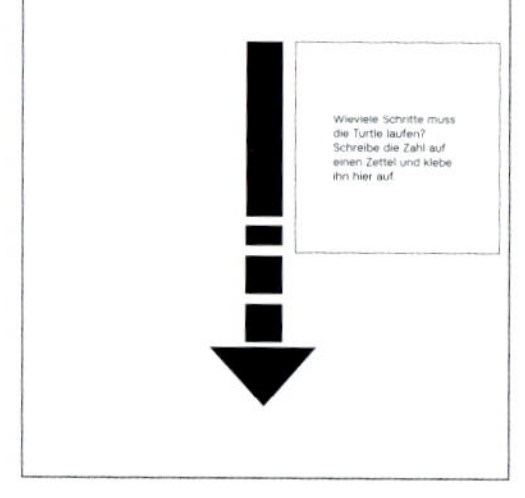

turtle → back(...)

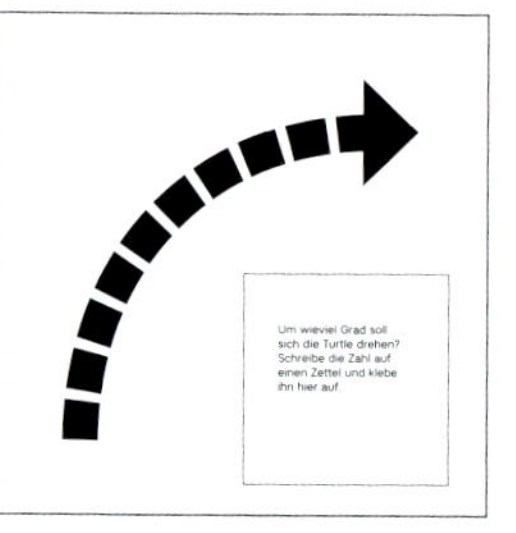

turtle → rightTurn(...)

turtle → leftTurn(...)

Je nach Bedarf der Lerngruppe kann die Geheimschrift an unterschiedlichen Stellen und unterschiedlich intensiv verwendet werden. Sie bietet sich immer dann an, wenn die Lernenden eine zusätzliche Abstraktionsebene benötigen. Es ist empfehlenswert, sie bereits direkt zu Beginn bei der Erarbeitung der grundlegenden Befehle einzuführen.

Mit der Geheimschrift kann ein Programm mithilfe von Symbolkarten auf dem Boden dargestellt werden. Die Lernenden können so zum Beispiel ein Quadrat erst mit Pfeilen auslegen, bevor sie die geschriebenen Befehle verwenden.

Als Variation können die Schülerinnen und Schüler einen Programmcode auch auf Papier dokumentieren, indem sie die passenden Pfeilsymbole aufschreiben.

Die Pfeilsymbole der Geheimschrift sind grafisch auch im TurtleCoder wiederzufinden. Sie sind in der Auswahlliste den Befehlen entsprechend zugeordnet und unterstützen die Lernenden so bei der Auswahl der richtigen Befehle.

Assistenzsysteme

Der TurtleCoder eignet sich in besonderer Weise für das Programmieren in inklusiven Lernsettings. Durch den Aufbau, die Struktur und die unterschiedlichen Zusatzfunktionen können Lernende mit ganz unterschiedlichen Bedarfen genau die Unterstützung wählen, die ihren kognitiven oder motorischen Fähigkeiten entspricht.

Die Programmieroberfläche des TurtleCoders ist stark reduziert und auf das Wesentliche fokussiert. Durch die einfache Strukturierung und visuelle Unterstützung fällt es Kindern leicht, sich zurechtzufinden. Große Auswahlfelder erleichtern die Bedienung und das textbasierte Programmieren. Statt Drag&Drop ermöglicht es auch Lernenden mit motorischen Schwierigkeiten, den TurtleCoder zu nutzen. Durch die Autovervollständigung der Befehle werden Fehlerquellen bereits minimiert. Auf der anderen Seite können schnellere Kinder oder Schülerinnen und Schüler mit Vorerfahrungen auch mit nur einem Klick auf eine Code-Ansicht wechseln, die auf die visuelle Unterstützung verzichtet.

Der TurtleCoder verfügt über ein integriertes Assistenzsystem, über welches verschiedene zusätzliche Funktionen aktiviert werden können.

- ✔ Steuerung der App komplett nur über die Tastatur
- ✔ Sprachausgabe zu dem gezeichneten Code über AI-Technologien und die Microsoft Cloud Services
- ✔ Befehlseingabe über den nummerischen Block mit festgelegten Parametern
- ✔ Anschlussmöglichkeit des Xbox Adaptive Controllers sowie die Nutzung alternativer Eingabegeräte (zum Beispiel spezielle Taster und Pads)

Aktivierung der Assistenzsysteme

Die Aktivierung der Assistenzsysteme erfolgt über das Einstellungsrad in der rechten oberen Ecke der Programmieroberfläche mit der Option „Assistenz aktivieren“.

Ein Infofenster bestätigt die Aktivierung und in der Menüleiste ist zu sehen, dass die Funktionstasten (F1 bis F7) aktiviert wurden, mit denen sich das Programm ausführen und die Turtle bewegen lassen.

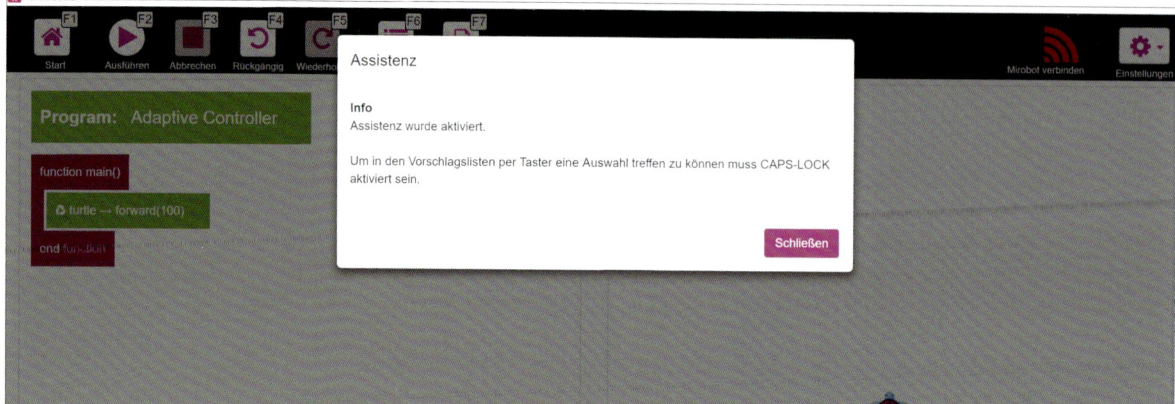

Programmierung der Turtle mithilfe von Tastenkombinationen

Für die Programmierung der Turtle setzen die Schülerinnen und Schüler weiterhin einzelne Programmzeilen mit Befehlen untereinander. Die Tastatur ermöglicht nun allerdings die Eingabe der Programmierbefehle in zweifacher Hinsicht:

1. Die Tasten können zur Eingabe von Wörtern und Zahlen genutzt werden, zum Beispiel für das Schreiben des Worts „turtle" oder zur Eingabe der Parameter.

2. Bei Aktivierung der Caps-Lock-Taste (Feststelltaste zum dauerhaften Aktivieren von Großbuchstaben) können ausgewählte Tasten für die Eingabe der einzelnen Befehlsteile genutzt werden. So kann für die Eingabe des ganzen Befehls turtle einfach die Taste T gedrückt werden, für leftTurn die Taste L oder R für rightTurn. Welche Taste welchem Befehl zugeordnet ist, lässt sich der Auswahlliste entnehmen.

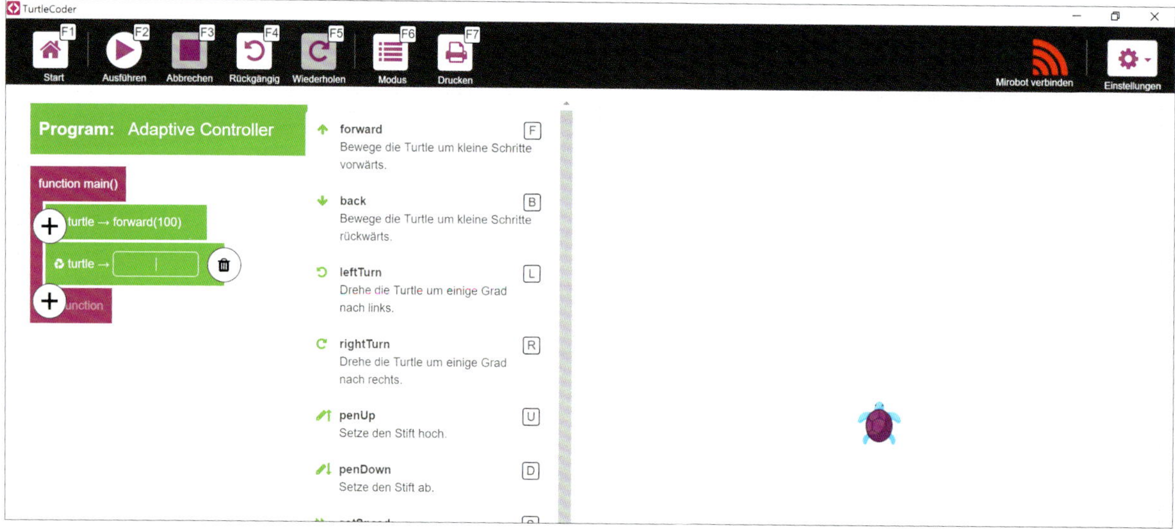

Aktiviert man die Caps-Lock-Taste und betätigt die Taste T, springt die Auswahlliste direkt auf die nächste Ebene, auf der Befehle wie forward, back, leftTurn und rightTurn oder penUp und penDown direkt mit nur einem Tastendruck ausgewählt werden können. Um jetzt den dazugehörigen Parameter einzugeben, muss die Caps-Lock-Taste wieder deaktiviert werden.

Mit der Taste ENTER erscheint die nächste leere Zeile Programmcode.

Zur Ausführung der Funktionen in der Menüleiste stehen nun die Funktionstasten F1 bis F7 zur Verfügung. Soll beispielsweise das Programm ausgeführt oder pausiert werden, kann nun alternativ die Taste F2 gedrückt werden.

Programmierung der Turtle mithilfe des Xbox Adaptive Controllers

Der TurtleCoder verfügt über eine zusätzliche Schnittstelle, über die der Xbox Adaptive Controller angeschlossen werden kann. Der Controller dient als Hub für mehrere externe Eingabegeräte, wie Taster, Buttons oder Hebel. Der Xbox Adaptive Controller wurde von Microsoft für das Gaming entwickelt, um auch Menschen mit körperlichen Behinderungen, die also einen herkömmlichen Controller nicht nutzen können, das Spielen mit der Xbox zu ermöglichen. Diese Idee und technische Basis wurde auf die Nutzung des TurtleCoder übertragen.

Als Ergänzung des Xbox Adaptive Controllers wird die Nutzung des Gaming Kit von Logitech empfohlen. So können eine Vielzahl an zusätzlichen Tasten an den Xbox Adaptive Controller angeschlossen werden und die Bedienung wird auch für Kinder und Jugendliche mit

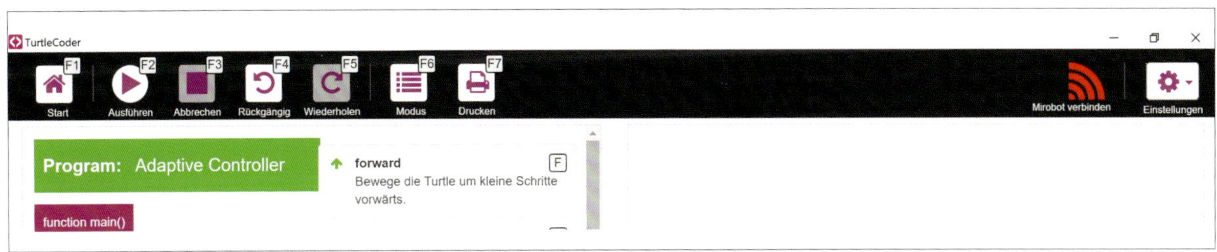

eingeschränkten körperlich-koordinativen Fähigkeiten ermöglicht. Die Schülerinnen und Schüler, die dieses System nutzen, benötigen für das Programmieren weder eine Tastatur noch einen Touchscreen beziehungsweise eine Maus, sondern ausschließlich die Tasten des Gaming Kit.

Um eine Kommunikation zwischen dem Endgerät und dem Xbox Adaptive Controller herzustellen, steht die spezielle Software XBoxConnector zur Verfügung. Sie kann kostenfrei heruntergeladen und installiert werden. In Verbindung mit dem aktivierten Assistenzsystem des TurtleCoders können die externen Taster dann zum Einsatz kommen.

XBox Connector

http://fb.tipp.fm/3238_XboxConnector.htm

Die Belegung der einzelnen Tasten aus dem Gaming Kit kann individuell gestaltet werden. Es ist empfehlenswert, die einzelnen belegten Tasten mit den bekannten Symbolen aus dem TurtleCoder zu bekleben, z.B. ein Play-Zeichen zum Ausführen des Programms, ein Pluszeichen, um eine neue Zeile zu erzeugen oder der Papierkorb, um Befehle zu löschen.

Folgende Belegungen sind möglich:

- ✔ Ausführen und Pausieren des Programms
- ✔ in die Home-Ansicht wechseln
- ✔ Papierkorb zum Löschen
- ✔ Navigation zwischen den Befehlszeilen
- ✔ neue Zeile hinzufügen
- ✔ Turtle → forward (100)
- ✔ Turtle → back (100)
- ✔ Turtle → leftTurn (90)
- ✔ Turtle → rightTurn (90)

Mit dem Xbox Adaptive Controller in Kombination mit dem Gaming Kit wird ein Großteil der Schülerinnen und Schüler befähigt, den TurtleCoder zu steuern. Selbstverständlich benötigen Kinder und Jugendliche abhängig von ihren Fähigkeiten ab und an die Assistenz eines Erwachsenen oder anderer Schülerinnen und Schüler, zum Beispiel um eine spezielle Programmzeile auszuwählen oder um den Cursor wieder an die richtige Stelle zu bringen.

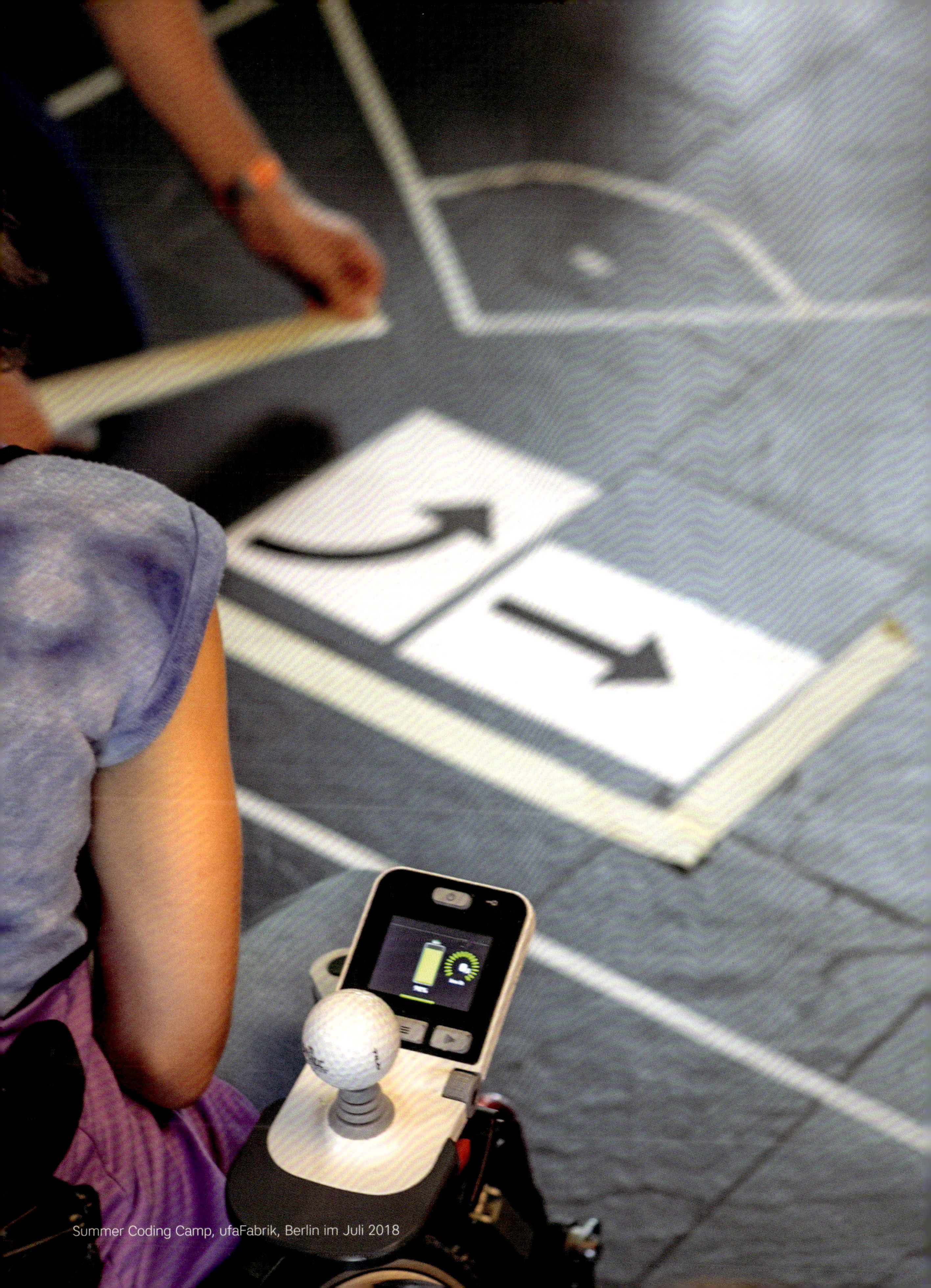
Summer Coding Camp, ufaFabrik, Berlin im Juli 2018

Soziale Teilhabe durch Coding-Angebote

Die Anwendungsgebiete digitaler Technologien werden immer vielfältiger und durchdringen nahezu jeden Lebensbereich. Digitalisierung betrifft Menschen jeden Alters in hohem Maße, insbesondere aber die nächsten Generationen.

Wer heute nicht über Grundkenntnisse der Informatik verfügt, wird viele wichtige Fragen der Zeit nicht erfassen können und sicher nicht in der Lage sein, digitale Welten aktiv mitzugestalten. Deshalb geht es darum, wirklich alle Kinder und Jugendliche zu erreichen und ihnen die notwendigen Kenntnisse zu vermitteln – unabhängig von geschlechtlicher Identität, sozialer Herkunft, körperlichen und kognitiven Möglichkeiten und individueller Lernstärke und davon, ob es sich um privilegierte oder marginalisierte Heranwachsende handelt.

Die Funktionsweise der digitalen Welt kann besser verstehen, wer die Sprache der Computer – den Code – kennt oder sogar selbst programmieren kann. Denn der Code ist die Schnittstelle zwischen dem Menschen und der Technik. Wer die Sprache der Codes beherrscht, hat den ersten Schritt weg vom passiven Anwender hin zum aktiven Gestalter gemacht.

Das ist auch und insbesondere für Menschen mit Behinderung relevant. Denn der Computer bietet ihnen eine Unterstützung im Alltag und somit die Chance auf ein selbstbestimmtes Leben. Der Computer ist jedoch nicht nur Werkzeug, sondern auch Qualifizierungsinstrument. Denn gerade die digitale Technologie bietet Menschen mit Behinderung neue berufliche Perspektiven.

In der Praxis zeigt sich, dass gerade Kinder das Prinzip und die Strukturen einer Programmiersprache schnell verstehen und schon nach kurzer Zeit mit dieser neuen Sprache arbeiten können.

Dafür ist es erforderlich, dass Lernsituationen hergestellt werden, die einerseits der Komplexität des Themas gerecht werden und Kinder zugleich für das Lernen öffnen. Lehrende sind heute deshalb nicht nur Wissensvermittler, sondern vor allem diejenigen, die die Rahmenbedingungen für ein zeitgemäßes und nachhaltiges Lernen schaffen, das möglichst unabhängig von individuellen Dispositionen oder Einschränkungen erfolgen kann. Angestrebt werden Lernsituationen, die eine vielfältige methodische Bearbeitung der Lerninhalte ermöglichen, mehrere Wahrnehmungskanäle ansprechen, neue Inhalte mit

Workshop, Pettenkofer Grundschule, Berlin im Februar 2020

alltäglichen Erfahrungen und vorhandenem Wissen verknüpfen und verschiedene Lösungswege zulassen.

Wenn die Rahmenbedingungen stimmen, können Kinder programmieren lernen und Kompetenzen ausprägen, die für das Verständnis der Digitalisierung in ihrer gesamten Tragweite erforderlich sind.

Die digitale Welt verstehen

Im 18. Jahrhundert war der Flaschenkondensator legendär. Dabei handelte es sich – aus heutiger Sicht – um ein primitives Gerät, mit dem elektrische Spannung aufgebaut werden konnte. Es wurde damals gern für mysteriöse Vorführungen genutzt. Hierbei hielten sich bis zu mehrere Hundert Menschen an der Hand, bis der Eingeweihte die leitende Fläche berührte und so den Stromkreis schloss. Plötzlich begann die gesamte Menschenkette wild zu zappeln. Zuschauer wie Beteiligte waren fassungslos, verängstigt oder belustigt – passierte doch Unerklärliches direkt vor ihren Augen. Ein Mysterium, das gar als Gottesbeweis herhalten musste. Denn eine andere Erklärung für die scheinbar alles durchdringende Wirkung der Elektrizität gab es nicht – zumindest nicht für die staunende, unwissende Menge. Selbst als die Elektrizität später für weitaus praktischere Dinge wie das Erzeugen von Licht genutzt wurde und somit den Bereich der Zauberei verließ, wussten nur wenige, wie das Ganze funktioniert. Und welche Anwendungsmöglichkeiten sich in Zukunft daraus ergeben würden, konnte niemand auch nur annähernd erahnen.

Heute ist die Situation um ein Vielfaches komplexer. Neuen und alten technischen Errungenschaften begegnen wir längst nicht mehr mit Erstaunen. Wir nehmen sie als Selbstverständlichkeit hin, nutzen sie ausgiebig und staunen allenfalls zwischendrin ein wenig über das rasante Tempo der drastischen, teils disruptiven Veränderungen, von denen immer öfter die gesamte Gesellschaft und damit jeder Einzelne betroffen ist.

Die digitale Welt begreifbar machen

Angesichts der Digitalisierung in allen Lebensbereichen kann es für junge Menschen keine Option sein, vor derartigen Innovationen zu stehen wie einst die unwissende Menge bei den Vorführungen zur Elektrizität. Digitale Technologien werden heute zwar von Kindern und Jugendlichen eifrig genutzt, ein tieferes Verständnis, von dem, was sie tun, haben sie nicht. Hinzu kommt, dass eine Trennung von online und offline inzwischen kaum noch möglich ist.

Wo uns schon die Algorithmen von Suchmaschinen und Online-Händlern, sozialen Medien und erst recht Betriebssysteme überaus abstrakt erscheinen und manchem gänzlich unbekannt sind, wird es endgültig unübersichtlich, wenn man an Dinge wie künstliche Intelligenz, digitale Arbeitswelten, das Internet der Dinge, Datensicherheit oder Scoring denkt. Wer hier nicht einmal über Grundkenntnisse verfügt, wird viele wichtige Zusammenhänge nicht erfassen können.

Digitalisierung bedeutet also auch, dass unsere Gesellschaft undurchschaubarer wird. Die algorithmischen Prozesse, die die digitalen Abläufe im Hintergrund steuern, sind von außen nicht einmal sichtbar. In Anbetracht dieses fundamentalen Wandels, auf den wir noch immer unzureichend vorbereitet sind, ist eine elementare Frage deshalb: Wie erreichen wir, dass die nächsten Generationen die digitale Welt verstehen und wir Chancengerechtigkeit und Teilhabe ermöglichen?

Es reicht nicht aus, privilegierte Gruppen anzusprechen

Schaut man auf die Evolution der Kulturtechniken der menschlichen Gesellschaft, können die Sprache, die Schrift und die Erfindung des Buchdrucks als entscheidende Wegmarken angesehen werden.

Daraus ergibt sich, dass das Sprechen, Schreiben und Lesen zu grundlegenden Fähigkeiten, ja sogar zu Bedingungen der gesellschaftlichen Teilhabe wurden. Umgekehrt gehen gesellschaftlicher Anschluss und die Möglichkeit zur Teilhabe verloren oder werden zumindest erheblich eingeschränkt, wenn ein Mensch nicht sprechen, schreiben und lesen kann.

Doch das Beherrschen unserer Kulturtechnik ist nicht die einzige Bedingung, an die gesellschaftliche Teilhabe lange geknüpft war. Einer der Gründe, die zum „Übereinkommen über die Rechte von Menschen mit Behinderungen“ der Vereinten Nationen geführt haben. Die UN-Konvention fordert Inklusion, also die gleichberechtigte Teilhabe aller Menschen am gesellschaftlichen Leben. Inklusion ist somit ein Menschenrecht.

Die evolutionäre Entwicklung des Menschen mit den Schritten Sprache, Schrift und Buchdruck hat heute längst eine weitere Wegmarke genommen: die Erfindung des Computers. Kein Bereich des beruflichen oder privaten Lebens wird von der Digitalisierung unberührt bleiben. Auch wenn die Dimensionen des digitalen Wandels noch nicht absehbar sind, steht doch fest, dass sie gewaltig sein werden. Inklusion ist deshalb im Rahmen der Digitalisierung unerlässlich.

Es geht darum, alle Kinder und Jugendlichen anzusprechen und ihnen die notwendigen Kenntnisse zu vermitteln – dabei dürfen geschlechtliche Identität, soziale Herkunft, körperliche und kognitive Möglichkeiten sowie individuelle Lernstärke keine Rolle spielen. Die Frage ist daher: Wie können wir diese überaus diverse Gruppe Heranwachsender gleichermaßen erreichen?

Bildungsangebote sollten Interesse wecken

Um Heranwachsende auf die digitale Welt vorzubereiten, reicht es bei Weitem nicht, in der Schule Tafel und Buch durch Whiteboard und Tablet zu ersetzen. Es geht nicht darum, digitale Medien lediglich zu nutzen. Das Ziel ist es, die digitale Welt mitgestalten zu können. Und dafür muss man ihre Sprache verstehen und besser noch, selbst programmieren.

Längst ist bekannt, dass Emotionen beim Lernen eine sehr große Rolle spielen. Wer emotional beteiligt ist, ist stärker involviert, dringt tiefer in die Materie ein und ist somit motivierter. Motivation wiederum verleiht die nötige Ausdauer, sie hilft dabei, sich auf ein Thema zu fokussieren.

Auf Grundlage positiver Emotionen lernen Kinder und Jugendliche leichter und auch hartnäckiger, wenn es Probleme zu überwinden gilt. Inzwischen steht außer Frage, dass Spaß und Emotionen eine sehr wichtige Rolle für den Lernerfolg und die Lernmotivation spielen. Fehlen sie, werden hingegen Lernfrust, Misserfolge und Widerstände begünstigt.

Lehrende stehen deshalb vor der Herausforderung, Lernsituationen zu schaffen, die einerseits der Komplexität des Themas gerecht werden und Kinder zugleich für das Lernen öffnen. Wenn es gelingt, Lernprozesse so zu gestalten, dass möglichst oft Aha-Erlebnisse ausgelöst werden, stärkt dies die Lernbereitschaft. Denn Erfolgserlebnisse erzeugen Motivation. Dafür braucht es Lernangebote, die Kinder und Jugendliche auch emotional erreichen. Die Frage ist daher: Wie schaffen wir Lernangebote, die an die Lebens- und Erfahrungswelt der Kinder und Jugendlichen anknüpfen, um so ihr Interesse und positive Emotionen zu wecken?

Wie sich zeigt, gibt es vielfältige und sehr triftige Gründe, möglichst allen Kindern das Programmier zu vermitteln. Mit einem didaktischen Blick zeigt sich zudem, dass der Erfolg von entsprechenden Lernangeboten mit den aufgeführten Fragen in einem engen Zusammenhang steht.

Code – als verbindende Sprache

Code ist wie eine Sprache, die in Lernsituationen Kinder miteinander verbindet und sie zu kooperativem Lernen animiert – auch und gerade, wenn es sich um sehr divers zusammengesetzte Lerngruppen handelt.

Schaut man beispielsweise auf die Praxis von Softwareentwicklerinnen und -entwicklern, gilt dies übrigens ganz offensichtlich auch für den professionellen Kontext.

In der Softwareentwicklung stoßen Programmiererinnen und Programmierer bei komplexen Aufgaben immer wieder an Punkte, bei denen sie allein nur schlecht weiterkommen. Selbst wenn sie in der Lage wären, das Problem selbst zu lösen, würde es doch zumindest viel Zeit kosten. Deshalb wählen sie einen anderen Weg: Sie fragen andere um Rat. Das ist effizienter, weil sich viele Probleme in der Vergangenheit schon einmal irgendwo auf der Welt gestellt haben. Es gibt also keinen Grund, selbst mühsam eine Lösung zu suchen, wenn sie woanders schon längst gefunden wurde. Und auch in den Fällen, in denen ein Problem zum ersten Mal auftritt, findet man die Lösung gemeinschaftlich weitaus schneller.

Es spielt dabei keine Rolle, wo sich diese Person befindet, wer ihr Arbeitgeber ist, welches Geschlecht oder Alter sie hat oder wie sie aussieht. So etwas wie körperliche Einschränkungen sind in diesem Fall völlig unerheblich. Es ist nebensächlich, ob man gerade mit einem Mann oder einer Frau oder mit einem Thailänder beziehungsweise einer Französin nach einer Lösung sucht. Das verbindende Element ist der Code.

Coding verbindet

Coding ist in mehrerlei Hinsicht aktivierend. Es animiert dazu, ein Problem zu analysieren, sich ihm zu stellen und dabei kreative Ideen umzusetzen und pragmatische Lösungen zu finden. Das geschieht in Gemeinschaftsarbeit, jeder und jede kann dabei einen Beitrag leisten. Die Erfahrungen zeigen, dass es in derartigen Lernsituationen zu vielfältiger Interaktion zwischen den Beteiligten kommt, wobei die Lerngruppen überaus divers zusammengesetzt sind. Hier interagieren Kinder völlig ungezwungen miteinander. Coding ist dabei kreativ, bunt, vielfältig, macht Spaß und führt schnell zu ganz konkreten, sichtbaren Ergebnissen, was wiederum die Motivation erhöht, sich größeren Herausforderungen zu stellen. Niederschwellige Angebote ermöglichen Kindern und Jugendlichen einen Einstieg ohne Vorkenntnisse.

Coding lässt sich in nahezu jedem Bereich einsetzen: von der Musik bis zur Mathematik, von der Umsetzung konkreter Aufgabenstellungen bis zur Entwicklung abstrakter Ideen. Dadurch lassen sich die verschiedenen Interessen und Lebenswelten Heranwachsender hervorragend in die jeweilige Lernsituation integrieren.

In der Welt des Codings regiert die Logik, was den Umgang mit Fehlern und deren Analyse erleichtert. Was nicht funktioniert, kann schnell und so oft geändert werden, bis das Ergebnis den Vorstellungen entspricht. Coding findet nicht nur vor dem Bildschirm statt, sondern fördert viele andere Kompetenzen.

Codes stellen eine universelle Sprache dar, die – wenn einmal ihre grundlegenden Regeln verstanden wurden – geradezu weltweit und von jedem gleichermaßen angewendet werden kann. Dabei ist nicht zu vergessen, dass der Code die Schnittstelle zwischen Menschen und Technik ist – jener Technik, die auch von Heranwachsenden in hohem Maße genutzt wird und die einen erheblichen Einfluss auf ihr weiteres Leben haben wird.

Beim Coding erfahren Kinder und Jugendliche, dass ein Programm zu schreiben kein Mysterium ist, sondern letztlich aus der Verbindung von Kreativität mit logischem Denken entsteht. Die Heranwachsenden spüren schnell, dass es ihnen einen großen Vorteil verschafft, wenn sie Codes nicht nur verstehen, sondern auch selbst generieren können. Und das verbindet.

Kinder können programmieren

„Ein Gramm Erfahrung ist besser als eine Tonne Theorie“, schrieb der Pädagoge John Dewey Anfang des 20. Jahrhunderts. Was für uns einleuchtend klingt, wurde damals als Provokation aufgefasst. Schließlich war die Erfahrung in der Philosophie zuvor jahrtausendelang abgewertet worden, gar als bedrohlich eingeschätzt (wie bei Plato und Aristoteles). Das hatte zwangsläufig massive Auswirkungen auf die Pädagogik, die zu Teilen noch heute sehr theorielastig ist. Doch „eine Erfahrung, selbst eine sehr bescheidene, kann Theorie in jedem Umfang erzeugen und tragen, aber eine Theorie ohne Bezugnahme auf irgendwelche Erfahrung kann nicht einmal als Theorie bestimmt und klar erfasst werden“. (Dewey 2000, S. 193)

Für Dewey sind Erfahrungen „Experimente mit der Welt", mithilfe derer die Welt erkannt wird und somit die Grundlage für das Lernen bildet. (ebd., S. 187) Aus diesen Überzeugungen resultiert das, was wir heute unter „Lernen durch Handeln" verstehen. Obwohl jedem klar ist, dass kein Mensch jemals durch theoretisches Wissen allein Klavierspielen oder eine Blinddarmoperation durchführen kann, wird das Konzept des Lernens durch Handeln ausgerechnet dann zuweilen nicht praktiziert, wenn es um komplexe Thematiken geht. Hier herrscht noch immer der Gedanke vor, dass erst das theoretische Wissen verinnerlicht werden müsse, bevor die praktische Umsetzung beginnen kann.

Programmieren gilt gemeinhin als sehr schwierig, abstrakt und für Laien nicht nachvollziehbar. Selbst Fachleute fragen zweifelnd, warum sich schon Kinder mit diesen komplizierten Programm-Codes herumschlagen sollen. Abgesehen davon, dass womöglich jene Erwachsenen die größten Zweifler sind, die selbst nicht einmal rudimentäre Kenntnisse der Informatik vorweisen können, lässt sich Coding Kindern ganz hervorragend vermitteln. In der richtigen Lernumgebung und mit entsprechender didaktischer Unterstützung können sie schon nach kurzer Zeit erste Codes schreiben.

Denn Kinder lernen dann am besten, wenn sie sich Wissen durch Handeln selbst nach und nach erschließen können. Da Coding kein isolierter Themenbereich ist, werden hier Kompetenzen genutzt und gefördert, die auch in anderen Wissensgebieten sowie im späteren Berufsleben von großer Bedeutung sind. Der praktische Umgang mit Codes ermöglicht ein tiefes Verständnis der digitalen Welt und wahre Medienkompetenz.

Algorithmen und Software dominieren bereits weite Teile unserer Gesellschaft, nicht nur theoretisch, sondern sehr konkret. Klar ist, die Verwandlung unserer Welt lässt sich nicht stoppen – im Gegenteil, sie ist Teil unseres Lebens und prägt unser Handeln. Und wir können uns nicht ewig darauf berufen, dass das alles „Neuland" sei. (Schmidt 2015)

In jeder Software überall auf der Welt stecken Codes mit denen man sieben Milliarden Menschen auf der Welt erreichen könnte. Ob uns das nun gefällt oder nicht, ist schon lange nicht mehr die Frage. Vielmehr geht es darum, die reale Situation in ihrer gesamten Tragweite zu erfassen und entsprechend zu handeln.

Dabei ist es irrelevant, wie wir persönlich zu einer Thematik stehen. Ob wir die digitale Transformation als Chance sehen oder mit Unbehagen betrachten – es sollte darum gehen, mit den neuen Herausforderungen zeitgemäß umzugehen. Und das bedeutet für Heranwachsende, gut auf die Zukunft vorbereitet zu sein.

Mehrdimensional Lernen

Vereinfacht gesagt ist es die Aufgabe einer Programmiererin beziehungsweise eines Programmierers, zunächst einen Algorithmus zu entwerfen, der Schritt für Schritt beschreibt, wie eine Aufgabe gelöst wird, und ihn anschließend in eine Programmiersprache zu übersetzen. Denn Computer verstehen streng genommen nur Zahlen: eine für „an" und eine für „aus". Arbeitsanweisungen für Computer müssen deshalb in einem sogenannten Binärcode vorliegen. Da die Anzahl unterschiedlicher Zahlenkombinationen unendlich groß ist und es ebenso unübersichtlich wie zeitraubend wäre, selbst den Binärcode zu schreiben, kommt eine Programmiersprache zum Einsatz.

Inzwischen gibt es Hunderte Programmiersprachen, einige davon sind in Vergessenheit geraten, andere haben sich als unpraktisch erwiesen, manche werden nur noch sehr selten angewendet und alle haben gewisse Ähnlichkeiten. Von speziellen Anwendungen abgesehen sind es einige Dutzend Programmiersprachen, die heute primär verwendet werden.

Zwar lässt sich nicht eindeutig bewerten, ab wann von einer Programmiersprache gesprochen werden kann, doch kann man sagen, dass es erste Vorläufer bereits im 19. Jahrhundert gab (beispielsweise die Lochkartensteuerung des „programmierbaren Webstuhls“ von Joseph-Marie Jacquard). Moderne Programmiersprachen entstanden dann in den 1950er-Jahren mit dem Aufkommen der Computertechnik.

Die Verwendung von Codes ist jedoch weitaus älter und beginnt mit der Entwicklung der Menschheit. Man denke nur an Felsmalereien oder später an die orientalischen Keilschriften, die aus einer Bildschrift entstanden. Auch die Musiknotation, von der es übrigens mehrere Arten gibt, ist eine Codierung. Die chinesische Ziffernnotation beispielsweise ist eine sehr logische Variante, die durchaus an eine Programmiersprache erinnert. Bei der Musik wird zuweilen sogar mehrfach codiert: Der Ton wird als Note abgebildet und die Note in einer Grifftabelle und damit kann auch schon ein Anfänger den Ton spielen. Bekannt ist auch die Verwendung von Piktogrammen und Symbolen, die Stenografie oder die heute verbreitete Verwendung von Strich- und QR-Codes.

Etwas zu codieren und zu decodieren ist also alles andere als eine Errungenschaft der digitalen Welt. Kinder lernen Geheimsprachen oder denken sich sogar selbst welche aus, sie lernen das Morsealphabet, um sich mit der Taschenlampe Codes zu senden. Sich mit Codes zu befassen, ist zumindest für sie ganz gewiss keine neue Aufgabe.

Coding wie eine Sprache lernen

Obwohl man Programmiersprachen nicht ohne Weiteres mit natürlichen Sprachen gleichsetzen kann, geht es doch in beiden Fällen darum, kognitive Prozesse darzustellen und einem Gegenüber etwas verständlich zu machen. Mithilfe einer Programmiersprache soll der Computer eine Aufgabe so ausführen, wie wir es wollen. Es geht um Verständigung. Und wer sich gegenüber einem anderen verständlich machen kann, kann ihn auch verstehen. Das gilt ebenso für die Kommunikation mit dem Computer. Wer die Sprache des Computers spricht, kann nicht nur mit ihm kommunizieren, sondern versteht auch seine elementaren Funktionsprinzipien.

Die deutsche Sprache verfügt über einen Wortschatz von, je nach Zählweise, bis zu 500.000 Wörtern. Der Wortschatz der deutschen Standardsprache umfasst rund 75.000 Wörter und der Grundwortschatz immerhin noch knapp 1.300 Wörter. Wer diesen Grundwortschatz beherrscht, kann etwa 85 Prozent aller Texte verstehen.

Programmiersprachen haben verglichen damit ein winziges Vokabular. Wie natürliche Sprachen verfügen Programmiersprachen über eine eigene Syntax. Anders als bei der natürlichen Sprache ist es beim Coding jedoch erforderlich, die Syntax jederzeit strikt einzuhalten. Denn der Computer versteht nur eindeutige Aussagen. Viele Beispiele aus der Praxis zeigen, dass Kinder das Prinzip und die Strukturen einer Programmiersprache erstaunlich schnell verstehen und schon nach kurzer Zeit mit der neuen Sprache arbeiten können.

Lernen durch Handeln

Bereits Ende der 1960er Jahre entwickelte Seymour Papert am Massachusetts Institute of Technology die Programmiersprache „LOGO“ speziell für Kinder. Diese bildet die Grundlage

Gemeinsamer Workshop, Schule am Pappelhof und Pettenkofer Grundschule, Berlin im Februar 2020

für den „TurtleCoder", einer modernen Interpretation der Programmiersprache.

Die Idee des TurtleCoders besteht somit darin, einer kleinen Schildkröte auf einer Zeichenfläche Befehle zu geben, die sofort nachvollziehbare „Spuren" hinterlassen. Dafür verfügt der „TurtleCoder" über einen „Wortschatz" von weniger als zwei Dutzend Begriffen, die gemäß den syntaktischen Regeln der Programmiersprache angewendet werden. Der reduzierte Wortschatz macht es Kindern möglich, schnell in die Systematik und Struktur der neuen Sprache einzusteigen.

Nach der Devise „Lernen durch Handeln" ist es das Ziel, dass die an Coding-Workshops Teilnehmenden vom einfachen Strich bis zu komplexen Figuren viele strukturelle Elemente des Programmierens selbstständig entdecken. Wort für Wort, Regel für Regel können sich die Kinder dabei die Programmiersprache und ihre Besonderheiten erarbeiten. Dies geht sogar so weit, dass man der Schildkröte neue Wörter beibringen kann. So können die Kinder spielend programmieren lernen, gleichwohl sie hierbei durchaus komplexe Aufgaben selbstständig lösen und viel Konzentration aufbringen müssen.

Schon der Entwickler der Programmiersprache war davon überzeugt, dass Kinder am besten lernen, wenn sie das Wissen nicht vorgesetzt bekommen, sondern es sich selbst nach und nach erschließen können. Das angewandte Selbstwirksamkeitsprinzip führt zu Erfolgserlebnissen, welche die Lernfortschritte verstärken. Deshalb wird der richtige Lösungsweg nicht vorgegeben, sondern von den Kindern im Team mit pädagogischer Unterstützung selbst entdeckt. Hierbei beginnen die Kinder damit, einer menschlichen Turtle (dargestellt von einer Mitschülerin oder einem Mitschüler) einfache Programmierbefehle zu erteilen. Anschließend werden die Befehle in den Computer eingegeben. Die Teilnehmenden erkennen, dass sie durch Hinzufügen von Codezeilen oder durch das Verändern von Parametern das Ergebnis

Workshop, Schule am Pappelhof, Berlin im Februar 2020

beeinflussen können. Schon nach kurzer Zeit entwickelt sich bei den Kindern das Bedürfnis, weitere strukturgebende Elemente anzuwenden, sodass komplexere Programmierprinzipien wie Schleifen und Variablen eingeführt werden können. Dabei lernen die Kinder die Dinge genau dann, wenn sie sie für eine konkrete Problemlösung benötigen. Die Teilnehmenden schreiben dabei von Beginn an echte Codezeilen. So lernen sie, dass für das Programmieren eine eigene Sprache notwendig ist, die einen eigenen Wortschatz hat und nach bestimmten Regeln, der Syntax, funktioniert.

Verschiedene Sinne ansprechen

Das Programmieren mit LOGO und der Schildkröte findet nicht allein vor dem Bildschirm statt. Zur Unterstützung und Verinnerlichung des Gelernten wird das Tablet zwischendrin immer wieder zur Seite gelegt, um ganz analog Strukturprinzipien im Raum gemeinsam mit den anderen Mitstreitern zu simulieren. Die Kinder schlüpfen dazu quasi in die Rolle der Turtle und laufen die geforderten Figuren selbst ab. So fällt es ihnen leichter, die richtigen Winkel und Richtungen zu verstehen: Sie müssen genau überlegen, wie weit sie sich drehen müssen und wie viele Schritte zu gehen sind. Haben sie diese Prinzipien verstanden, sind sie besser in der Lage, auch komplexere Funktionen zu programmieren und neue Lösungswege zu finden.

Die Einbeziehung körperlicher Aktivität und das Lernen mit mehreren Sinnen sind bewusst gewählte Bestandteile des didaktischen Konzepts. Haben Kinder die Möglichkeit, etwas nicht nur zu sehen, sondern auch zu fühlen und zu hören, wird der Lernstoff statt im Kurzzeitgedächtnis eher tief im Langzeitgedächtnis gespeichert. Zudem steigt die Freude am Lernen und damit die Lernmotivation.

Die Arbeit mit Programmierumgebungen, die für Kinder entwickelt wurden, ist überaus aktivierend. Die Grundlagen der Informatik können dabei aktiv ausprobiert werden. Auch gibt es vielfältige analoge Übungen dazu, was binäre Zahlen sind, wie die Fehlersuche funktioniert, was Such- und Sortieralgorithmen sind und wie sie angewendet werden. So können die Grundprinzipien von Programmiersprachen zunächst komplett analog verdeutlicht werden.

Ein solches Offline-Coding hilft Kindern dabei, abstrakte Vorgänge mit mehreren Sinnen zu verstehen, indem sie diese Vorgänge analog nachahmen. Durch die Einbeziehung von Alltagssituationen können viele Algorithmen aus dem tatsächlichen Leben reflektiert und mit Programmierprinzipien in Verbindung gebracht werden. Die Faltanweisung eines Papierfliegers oder das Rezept für den leckeren Schokoladenkuchen beispielsweise ähneln der Abfolge eines Computer-Skripts, das genau in der vorgegebenen Reihenfolge abgearbeitet werden muss. Schlussendlich ist das Programmieren keine abstrakte mathematische Herausforderung mehr, sondern ein alltäglicher Vorgang, der sich auch analog mit den Sinnen erfahren und nachbilden lässt.

Coding und Inklusion

In Deutschland leben etwa 10,2 Millionen Menschen mit einer anerkannten Behinderung. Das sind rund 13 Prozent der Gesamtbevölkerung. Weltweit gibt es rund eine Milliarde Menschen mit Behinderung. Das sind etwa 15 Prozent der Weltbevölkerung. Der Computer ist für viele Menschen mit Behinderung eine praktische Hilfe zur Lebensbewältigung und kann häufig auch die Chance auf ein selbstbestimmtes Leben vergrößern – sowohl im privaten als auch im beruflichen Kontext.

Schon wegen dieser besonderen Bedeutung des Computers für Menschen mit Behinderung ist es unerlässlich, auch Kinder mit einer Behinderung in inklusive Lernszenarien zu integrieren. Alle Kinder, auch diejenigen mit einer Beeinträchtigung, können programmieren lernen. Coding eignet sich sogar besonders gut für die Inklusion. In inklusiven Lernszenarien benötigen einige Kinder allerdings zusätzliche Assistenzoptionen.

Zunächst einmal muss der Zugang zu elektronischen Informationen nicht notwendigerweise über einen Monitor auf dem Schreibtisch laufen. Sowohl für die Ausgabe des Computers als auch für die Eingabe in den Computer gibt es zahlreiche Geräte, die weit über die bekannten Standardanwendungen hinausgehen. Beispielsweise ist in der Turtle-Coder-App eine neue Assistenzfunktion integriert. Diese ermöglicht die Steuerung der App allein über die Computertastatur und darüber hinaus den Anschluss des Xbox Adaptive Controllers.

Der Xbox Adaptive Controller wurde vor allem für Menschen mit eingeschränkter Mobilität konzipiert und ist ein einheitlicher Hub für Geräte, mit denen das Spielen am Computer barrierefrei werden soll. Menschen mit Behinderung waren an der Entwicklung von Design und Funktionalitäten des Xbox Adaptive Controllers aktiv beteiligt. Er bietet eine Fülle an Anschlussmöglichkeiten für zusätzliche Geräte, wie Taster, Pads, Joysticks etc., womit die individuellen Voraussetzungen für Menschen mit unterschiedlichen Behinderungen geschaffen werden, Anwendungen am Computer zu nutzen.

Gemeinsam lernen

In Coding-Projekten für Kinder lässt sich unabhängig von den individuellen Voraussetzungen der Teilnehmenden immer wieder beobachten, mit welcher Neugier und welch unaufhörlichem Forscherdrang die Kinder an das Programmieren herangehen und dass sie dabei keinerlei Berührungsängste mit der Technik, der Programmiersprache oder gegenüber anderen Kindern ihrer Lerngruppe haben. Das gilt in gleicher Weise für Jungen wie Mädchen, Kinder mit und ohne körperliche Einschränkungen, lernstarke und weniger lernstarke Kinder und für Kinder mit völlig unterschiedlichem sozialem und kulturellem Hintergrund. Sie alle können in heterogenen Gruppen Coding gemeinsam lernen.

So bietet das Coding die Möglichkeit, das Thema Inklusion größer zu denken: Die Einbeziehung tatsächlich aller Kinder völlig unabhängig vom individuellen Hintergrund ist das Ziel. Coding lässt sich besonders gut gemeinsam lernen, auch und gerade in divers zusammengesetzten Gruppen.

Dabei wird deutlich: Kinder können nicht nur programmieren lernen – sie bekommen zudem Lust auf mehr, auf neue und noch schwierigere Aufgaben. Kinder können – ganz gleich, wie divers ihr jeweiliger Hintergrund ist – komplexe Aufgabenstellungen wie das Coding bewältigen, wenn die Grundbedingungen den Bedürfnissen der Kinder entsprechen und die didaktischen Voraussetzungen gegeben sind.

Didaktischer Aufbau

Der Einstieg in das Coding bietet sich ab einem Alter von acht Jahren an. Dafür gibt es mehrere Gründe. Zunächst einmal sind Kinder in diesem Alter sehr neugierig, voller Entdeckerlust und sehr aufgeschlossen gegenüber neuen Technologien, Geräten und Anwendungen. Ab diesem Alter werden eigene Medientätigkeiten zudem autonomer ausgeübt. Beispielsweise nutzen nur acht Prozent der Sechs- bis Siebenjährigen das Internet allein, bei den Zwölf- bis Dreizehnjährigen sind es bereits 72 Prozent. (KIM-Studie 2018, S. 15) Die Autonomie im Umgang mit Medien nimmt im genannten Alter also drastisch zu, die eigene Medienkompetenz wird deshalb immer wichtiger. Gleichzeitig unterscheiden sich Themeninteressen von Jungen und Mädchen mit steigendem Alter immer deutlicher voneinander. Umgekehrt heißt das, dass Kinder bei einem frühen Einstieg in das Coding unabhängig vom Geschlecht für das Thema gleichermaßen interessiert werden können.

Zugleich ist aber auch ein Mindestalter erforderlich. Nach dem Entwicklungspsychologen Jean Piaget beginnen Kinder im Alter von sieben bis elf Jahren damit, logisches Denken in konkreten Situationen anzuwenden. In dieser Phase können sie Aufgaben wie mathematische Vorgänge mithilfe der Logik auf komplexerem Niveau ausführen. Allerdings wird das abstrakte Denken in diesem Alter noch nicht oder nur sehr begrenzt genutzt. Deshalb ist es für Kinder schwierig, Kenntnisse auf ein Thema anzuwenden, das sie nicht kennen. Erst mit dem Stadium der formal-operationalen Intelligenz (ab elf Jahren) ist das logische Denken so weit ausgeprägt, dass auch das abstrakte Denken uneingeschränkt möglich ist. (Piaget 2003, S. 156 ff.) Kinder können nun Hypothesen über etwas aufstellen, das sie konkret so noch nicht gelernt haben – eine Fähigkeit, die (je nach Komplexität des Unterrichts) für das Coding von Bedeutung ist. Deshalb sollten Kinder mindestens acht Jahre alt sein, um in das Coding einzusteigen.

Didaktische Prinzipien

Wie für jeden Unterricht gelten auch für Coding-Lerneinheiten einige didaktische Prinzipien, die durchaus mit über den Lernerfolg entscheiden. Vorauszuschicken ist dabei, dass Freude am Lernen, kooperatives Lernen im Team und das Ansprechen mehrerer Sinne eine überaus wichtige Rolle spielen – dennoch geht es in Coding-Workshops letztlich nicht allein um den Spaß an der Sache. Vielmehr wird hier „echte" Informatik unterrichtet, bei der „echte", logisch und syntaktisch korrekte Codes geschrieben werden. Die Kinder gewinnen so einen ganz neuen und auch tiefen Einblick in die Funktionsweise und Struktur der digitalen Welt – sie lernen, diese Welt mitsamt ihren besonderen Gegebenheiten zu verstehen.

Verständnis für Programmstrukturen aufbauen

Ein wesentliches Ziel von Coding-Workshops ist, Kindern eine informatische Grundbildung gemäß der Strategie der Kultusministerkonferenz „Bildung in der digitalen Welt" zu vermitteln: Sie lernen eine Programmiersprache kennen und anzuwenden. Dabei verwenden sie Codes sowie die erforderliche Syntax und erfahren, warum eine integrierte Entwicklungsumgebung (IDE) ein wichtiges Werkzeug für die Softwareentwicklung darstellt. So

Workshop, IdeenExpo, Hannover im Juni 2019

können sie nicht nur grundlegende Prinzipien und Funktionsweisen der digitalen Welt identifizieren und verstehen, sondern auch bewusster nutzen. Ferner lernen die Kinder, was ein Algorithmus ist und welche Muster und Strukturen (wie „Schleifen" und „Bedingungen") Algorithmen aufweisen. Auf dieser Grundlage können sie schließlich (einfache) Berechnungen durchführen, Variablen und Operatoren einsetzen, um so Problemlösungsstrategien zu entwickeln und diese auch mittels einer algorithmischen Sequenz umzusetzen. Ein wichtiger Aspekt des Codings ist zudem, Probleme in kleinere Teilprobleme zu zerlegen. Die Kinder lernen Funktionen kennen, sodass sie letztlich die Bedeutung von Algorithmen mitsamt ihren Auswirkungen auf die digitale Welt verstehen, beschreiben und reflektieren können.

Dadurch und indem die Kinder selbst aktiv handeln, Lösungswege ausprobieren, Ergebnisse bewerten und neue Herangehensweisen erproben, machen sie die wichtige Lernerfahrung, dass sie auch in der digitalen Welt selbst etwas verändern und unmittelbar beeinflussen können. Das ist ein bedeutender Schritt vom passiven Nutzer hin zum aktiven, reflektierenden Gestalter digitaler Technologien.

Diversität mitdenken

Lerngruppen sind erfahrungsgemäß divers zusammengesetzt. Zudem unterscheiden sich Lerngruppen auch auf gleicher Altersstufe voneinander. Die Kinder befinden sich auf unterschiedlichen individuellen Entwicklungsstufen, verfügen über unterschiedliche thematische Affinitäten und Lernmotivationen und über verschieden stark ausgeprägte Kompetenzen. Natürlich sind in der Gruppe verschiedene Geschlechteridentitäten vertreten, Kinder mit und ohne körperliche Einschränkungen und unterschiedlicher Lernstärke. Zudem differieren der soziale Hintergrund und die Erfahrungen im Umgang mit digitaler Technologie. Unterschiedliche Einstellungen, Werte, Mentalitäten, Bedürfnisse und kulturelle Merkmale beeinflussen die Lernsituation.

In der Unterrichtsrealität ist es oft noch so, dass den Unterschieden in der Schülerschaft eine gleichförmige, starre Lernorganisation gegenübersteht. Der Unterricht ist so gestaltet, dass alle Kinder auf die gleiche Weise lernen (sollen). Das bedeutet, dass Unterschiede wenig beachtet und individuelle Gegebenheiten wenig berücksichtigt werden. Doch gerade weil die digitale Welt so umfassend und vielschichtig ist und ausnahmslos jedes Kind betrifft, ist es unerlässlich, allen Kindern einen Zugang zu dieser Welt zu ermöglichen. Deshalb liegt der Fokus auf

You can't think about thinking without thinking about thinking about something.

Seymour Papert [3]

Barrierefreiheit und darauf, allen Kindern gute Lernchancen zu bieten.

Abgesehen davon, dass die Bildung homogener Lerngruppen angesichts der Vielzahl lernrelevanter Unterscheidungsmerkmale ohnehin kaum realisierbar ist, sollte es bei dem zukunftsrelevanten Thema Coding das Ziel sein, den unterschiedlichen Lernvoraussetzungen der Kinder gerecht zu werden. Unterschiede dürfen nicht ignoriert, sondern sollten bereits im Vorfeld mitgedacht werden.

Coding-Workshops lassen sich sehr vielseitig gestalten und auf differierende Lerngeschwindigkeiten und -situationen ausrichten. Der Schwierigkeitsgrad lässt sich stufenweise anpassen. Und mit den zur Verfügung stehenden Hilfsmitteln – beispielsweise dem Xbox Adaptive Controller für Menschen mit eingeschränkter Mobilität –, mit individueller Hilfestellung und einer aktivierenden Unterrichtsform kann der Zugang zum Coding-Angebot für nahezu jeden Heranwachsenden ermöglicht werden.

Stigmatisierungsfreie Lernsituation

Eine wesentliche Grundlage für die erfolgreiche Durchführung eines Coding-Workshops ist das Vertrauen in die Fähigkeiten und die intuitive Problemlösungskompetenz der Kinder. Das Angebot ist bewusst geschlechtsneutral gehalten, jedes Kind kann sich selbst erproben und Lösungswege austüfteln. Es gibt zwar individuelle Hilfestellungen, wenn sie nötig sind, diese erfolgen jedoch nicht per se aufgrund der geschlechtlichen Identität, der sozialen Herkunft oder des kulturellen Hintergrunds. Im Mittelpunkt stehen die individuellen Lernstärken aller Kinder. Differenzierte Angebote – ermöglichen es, die Lernenden gezielt zu fördern, herauszufordern oder zu unterstützen, je nachdem wo der Bedarf ist.

Anstatt innerhalb eines starren Konzepts erfolgt das Coding in einer offenen Lernumgebung. Der richtige Lösungsweg wird dabei nicht vorgegeben, vielmehr wird er – mit pädagogischer Unterstützung – im Team von den Kindern selbst entdeckt. Hierbei zeigt sich immer wieder, dass der Erkenntnisgewinn sogar größer sein kann, wenn der direkte, einfachste Lösungsweg nicht sofort gefunden wird. Beim Programmieren können Umwege durchaus zu gleichwertigen, oft sogar zu besseren Lösungen führen. Dafür braucht es eine Lernumgebung ohne stigmatisierende Wertungen, die es den Kindern ermöglicht, sich die Lerninhalte differenziert, selbstständig und unter Berücksichtigung individueller Herangehensweisen zu erarbeiten. Hierbei haben die Kinder oft Erfolgserlebnisse, die sie vorher selbst nicht erwartet hätten.

Gemeinsamer Workshop, Schule am Pappelhof und Pettenkofer Grundschule, Berlin im Februar 2020

Wie wir lernen wollen

In Anbetracht einer heterogenen Gesellschaft und den pädagogischen Herausforderungen der digitalen Welt geht es darum, dass an Lernorten anwendbares Wissen so vermittelt wird, dass daraus Kompetenzen wachsen, die ein souveränes Handeln ermöglichen, das flexibel auf neue Situationen anwendbar ist. Lehrende sind heute deshalb nicht nur Wissensvermittler, sondern vor allem diejenigen, die die Rahmenbedingungen für ein zeitgemäßes und nachhaltiges Lernen möglichst unabhängig von individuellen Dispositionen oder Einschränkungen schaffen. Dabei ist ein wichtiges Ziel, immer auch selbstgesteuertes Lernen zu ermöglichen, was in Anbetracht des lebenslangen Lernens eine wichtige Grundlage für zukünftige Lernprozesse bildet.

Offene Lernsituationen schaffen

Lehrende haben es mit sehr heterogenen Lerngruppen zu tun. Die unterschiedlichen Interessen, Einstellungen, Fähigkeiten, sozialen und kulturellen Hintergründe sowie die verschiedenen körperlichen Voraussetzungen der Schülerinnen und Schüler fordern eine innovative Unterrichtsorganisation. Ein Weg, mit Heterogenität konstruktiv umzugehen, ist das Schaffen von offenen Lernsituationen. Konkret bedeutet das, Lerninhalte, -methoden und -ziele so zu strukturieren, dass verschiedene Bearbeitungs- und Lösungswege ermöglicht werden. An die Stelle starrer Unterrichtseinheiten treten individuellere Wege des Umgangs mit Lehrinhalten.

Das heißt, die Unterrichtsorganisation wird dabei nicht mehr primär vom Unterrichtsgegenstand abgeleitet, stattdessen wird verstärkt der Lernprozess mitsamt unterschiedlichen Aneignungsformen und Lernwegen berücksichtigt. Dadurch verändert sich auch die Rolle der Lehrkräfte. Denn natürlich ist es aufwendig, offene Lernsituationen zu schaffen und individuelle, aktivierende Bearbeitungsmethoden zu ermöglichen. Deshalb ist auch ein Umdenken bei den Lehrkräften selbst erforderlich. In gewisser Weise müssen auch sie sich „öffnen": Die Lehrkräfte verlassen die dozierende Perspektive und werden zum Lernbegleiter. Dies ermöglicht eine individuellere Gestaltung der Lehrinhalte und eine insgesamt offene Lernsituation.

Your best teacher is your last mistake

Das Ziel, zeitgemäße Rahmenbedingungen zu schaffen, die Lust auf Lernen machen, bringt eine Umgestaltung der Lernsituationen mit sich. Hierzu zählt auch die Etablierung einer Fehlerkultur. Dabei geht es darum, Fehler getreu dem Motto „Your best teacher is your last mistake" als Lernchancen zu erkennen und zu nutzen. Auf Lernsituationen bezogen heißt das, dass zunächst überhaupt eine positive Fehlerkultur zugelassen wird, zumal auch heute noch eine defizitorientierte Leistungsfeststellung dominiert, was leicht zur Ausgrenzung weniger lernstarker oder auch sensibler Kinder führen kann.

Eine positive Fehlerkultur im Unterricht bedeutet, dass Fehler erlaubt, ja sogar gewollt sind, weil sie dabei helfen, die richtigen Fragen zu stellen, kreativ zu werden und verschiedene Lösungswege zu denken. Beim Coding zeigt sich immer wieder, dass es nicht die eine Lösung gibt, sondern dass mehrere voneinander abweichende Lösungen möglich sind. Wo eine Kultur der Fehlervermeidung herrscht, gehen viele potenzielle Lernanlässe verloren. Alle Lernorte sollten daher Orte sein, an denen es keine Angst vor Fehlern oder Unsicherheit und keine Fokussierung auf Defizite gibt. Das stärkt die Lernenden, weil es die Zuversicht und das Vertrauen in das eigene Lernpotenzial fördert, statt es zu beschränken. Denn: „Aus Fehlern lernen kann, wer die Chance bekommt, in der Rückschau nachzuvollziehen, worin eigentlich der Fehler besteht und wie es zu ihm kam. In diesem Sinne lernen nur diejenigen, Fehler zu vermeiden, denen erlaubt wird, auch Fehler zu begehen." (Althof 1999, S. 8)

Eine positive Lernatmosphäre schaffen

Aus dem Wandel der Bildungslandschaft ergeben sich auch neue Anforderungen an die Räume, in denen gelehrt und gelernt wird. Das betrifft einerseits natürlich die Integration von neuen technischen Geräten in den Unterricht wie die Nutzung von Computern und den damit verbundenen didaktischen Konzepten. Es ist davon auszugehen, dass die fortschreitende technische Entwicklung in Zukunft zu einer noch weitaus stärkeren Einbindung dieser Technik in den Unterricht führen wird. Damit gehen zahlreiche architektonische, infrastrukturelle und organisatorische Herausforderungen einher. Moderne Lernräume sind anders ausgestattet und werden weitaus flexibler genutzt, als es heute meist noch der Fall ist. Wichtig ist, dass schon heute zeitgemäße Lernformen ermöglicht werden und Räume flexibel auf zukünftige Veränderungen angepasst werden können.

Eine Abkehr von der traditionellen Klassenzimmerarchitektur ist zudem deshalb erforderlich, weil sich die Lernformen selbst verändert haben und weiter verändern werden. Offenes, aktivierendes und kollaborierendes Lernen unter stärkerer Berücksichtigung individueller Fähigkeiten und Besonderheiten erfordern andere räumliche Strukturen als der klassische Frontalunterricht. Auch die Förderung

Summer Coding Camp, UfaFabrik, Berlin im Juli 2018

von Inklusion spricht für ein Umdenken bei der Konzeption von Schulen und anderen Lernorten. Schließlich betrachtet die kompetenzorientierte Pädagogik die Schule nicht mehr als abgeschlossene Einheit, sondern als offenes System, das den Austausch mit der Umwelt nicht nur zulässt, sondern fördert.

Die (digitale) Welt verstehen lernen

Die Digitalisierung ist nur einer von vielen Aspekten, die bei der Gestaltung von Lernorten zu berücksichtigen sind. Letztlich geht es darum, die Rahmenbedingungen für Lernsituationen zu schaffen, die eine vielfältige methodische Bearbeitung der Lerninhalte ermöglichen, dabei möglichst viele Wahrnehmungskanäle ansprechen, neue Inhalte mit alltäglichen Erfahrungen, vorhandenem Wissen und verfügbaren Kompetenzen verknüpfen und verschiedene Lösungswege zulassen. Codes zu verstehen ist heute genauso wichtig wie eine Sprache zu beherrschen. Ohne dieses Verständnis bleibt das Digitale kryptisch, abstrakt und unüberschaubar und es geht die Möglichkeit verloren, an der digitalen Welt aktiv teilzuhaben und sie zu gestalten.

Gehen wir noch einmal zurück zum Flaschenkondensator: Bei den Elektrizitätsvorführungen im 18. Jahrhundert handelte es sich tatsächlich um etwas Neues, etwas, über das die verunsicherten Zuschauer kein Wissen besaßen – es nicht besitzen konnten, eben weil es sich um etwas bisher noch nicht Dagewesenes handelte, dessen Hintergründe noch nicht schulisch vermittelt wurden. Natürlich waren die Menschen erschrocken und konnten die Vorgänge nicht einordnen. Ihnen fehlte Wissen. Deshalb konnte man ihnen Elektrizität als Zauberei verkaufen.

Heute ist die Digitalisierung nahezu allgegenwärtig. Wir wissen, dass sie noch weitaus mehr Bereiche des privaten und beruflichen Lebens durchdringen wird, dass sich ihr in Zukunft niemand entziehen können wird. Fakt ist: Die Digitalisierung spielt im Leben der heute jungen Menschen eine wesentliche Rolle. Das alles ist bekannt – deshalb müssen wir heute dafür sorgen, dass Kinder und Jugendliche die gegenwärtigen und zukünftigen technischen Entwicklungen verstehen lernen. Nur so können sie zu aktiven und reflektierenden Gestaltern ihrer eigenen Zukunft werden. Denn auch bei der Digitalisierung handelt es sich mitnichten um Zauberei, vielmehr sind es die Codes, die im Hintergrund all die Anwendungen ermöglichen, die wir täglich nutzen.

Das Team

Alle Lernszenarien, Aufgaben und interaktiven Übungen wurden von Jutta Schneider, Thomas Schmidt und Jacqueline Graf konzipiert und mit ausgewählten Lerngruppen erprobt.

In Berlin, Leipzig, Stuttgart und Hannover, von München bis Hamburg, von Dresden bis Saarbrücken unterstützen Peggy Reinelt, Inga Bartl, Julia Reuter, Benjamin Beuster und viele andere unserer Trainerinnen und Trainer Lehrkräfte ganz unterschiedlicher Schulformen dabei, ihren Schülerinnen und Schülern das Programmieren beizubringen.

Sei es in inklusiven oder manchmal auch eher klassischen Lernsettings. Ihr Feedback macht die Welt der Schildkröte so großartig und stark.

Getreu dem Leitsatz „Nichts ist so schwierig, als dass Geschicklichkeit es nicht meistern kann!“ hat unser Entwicklerteam mit Daniel Schötz, Maurice Karg, Tim Wettstein und Stefan Deumer eine Programmierumgebung erstellt.

Die Lernumgebung überführt die Idee von LOGO in die Neuzeit und eröffnet Lernenden mit besonderen Bedürfnissen Möglichkeiten, das Programmieren zu lernen.

„Ich muss einfach ein großes Kompliment aussprechen, wie es Ihren Mitarbeitern immer wieder gelingt, Inhalte verständlich zu vermitteln und dem Lehrer eine (fast) sofortige Umsetzung zu ermöglichen."

Bernhard Wagner, Lehrer der Heinrich-Heine-Gesamtschule Duisburg

Quellen

[1] **Seymour Papert: Child Power: Keys to the New Learning of the Digital Century. 1998.** http://www.papert.org/articles/Child-power.html, Zugriff: 01.02.2020

[2] **Deutscher Bundestag: Durch Stärkung der Digitalen Bildung Medienkompetenz fördern und digitale Spaltung überwinden. 2015.** https://dip21.bundestag.de/dip21/btd/18/044/1804422.pdf, Zugriff 15.01.2020

[3] **Seymour Papert: You Can't Think About Thinking Without Thinking About Thinking About Something. 2005.** https://www.citejournal.org/wp-content/uploads/2016/04/v5i3seminal4.pdf, Zugriff: 09.02.2020

Universität Sofia: Logo Tree. http://pavel.it.fmi.uni-sofia.bg/logotree/table.html#, Zugriff: 02.02.2020

Aktion Mensch: Menschen mit Behinderungen. https://www.aktion-mensch.de/dafuer-stehen-wir/was-ist-inklusion/un-konvention.html, Zugriff 25.09.2019

Wolfgang Althof (Hrsg.): Fehlerwelten – vom Fehlermachen und Lernen aus Fehlern. Springer Fachmedien Wiesbaden GmbH, 1999

Förderverein für Jugend und Sozialarbeit e. V. (Hrsg.): Code your life: Programmieren für die Zukunft. 2017. https://www.code-your-life.org/Praxis/Logo_Turtle/mediabase/pdf/3111.pdf

KIM-Studie 2018: Kindheit, Internet, Medien. Basisuntersuchung zum Medienumgang 6- bis 13-Jähriger. MPFS, 2019

Kulturministerkonferenz: Strategie der Kultusministerkonferenz „Bildung in der digitalen Welt". https://www.kmk.org/themen/bildung-in-der-digitalen-welt/strategie-bildung-in-der-digitalen-welt.html, Zugriff: 20.09.2019

Jean Piaget: Meine Theorie der geistigen Entwicklung. Hrsg.: Reinhard Fatke. Band 142. Beltz, 2003

JIM-Studie 2018: Jugend, Information, Medien. Basisuntersuchung zum Medienumgang 12- bis 19jähriger. MPFS, 2019

Thomas Schmidt: Es lernt der Mensch und nicht das Gehirn. In: John Erpenbeck/Werner Sauter (Hrsg.): Handbuch Kompetenzentwicklung im Netz: Bausteine einer neuen Lernwelt. Schäffer-Poeschel, 2017

Thomas Schmidt: Neuland: 40.000 Jahre Medienkompetenz. BusinessVillage, 2015